U0578236

旷世城垣

MONUMENTAL NANJING CITY WALL

南京城墙历史文化陈列

AN EXHIBITION OF ITS HISTORY AND CULTURE

南京城墙保护管理中心
南京城墙博物馆 编

文物出版社

图书在版编目（CIP）数据

旷世城垣：南京城墙历史文化陈列/南京城墙保护
管理中心，南京城墙博物馆编. -- 北京：文物出版社，
2025.1

ISBN 978-7-5010-8235-3

Ⅰ.①旷… Ⅱ.①南… ②南… Ⅲ.①城墙—文化遗
址—介绍—南京 Ⅳ.①K878.3

中国国家版本馆CIP数据核字（2023）第205642号

审图号：GS（2025）0584号

旷世城垣：南京城墙历史文化陈列

编　　者　南京城墙保护管理中心
　　　　　南京城墙博物馆

责任编辑　谷　雨
责任印制　王　芳

出版发行　文物出版社
社　　址　北京市东城区东直门内北小街2号楼
邮　　编　100007
网　　址　http://www.wenwu.com
邮　　箱　wenwu1957@126.com
经　　销　新华书店
制版印刷　天津裕同印刷有限公司
开　　本　965mm×1270mm　1/16
印　　张　24.5
版　　次　2025年1月第1版
印　　次　2025年1月第1次印刷
书　　号　ISBN 978-7-5010-8235-3
定　　价　680.00元

本书版权独家所有，非经授权，不得复制翻印

编 委 会

名 誉 主 任　郑孝清

主　　　任　刘东华

学 术 顾 问　贺云翱　夏维中　王志高　杨国庆

委　　　员　刘东华　严文英　马　麟　张义平　陈启东　胡贵卿

主　　　编　马　麟

执 行 主 编　金连玉

执 行 副 主 编　李昕桐　杨　欢

图 录 撰 稿　李昕桐　金连玉　杨　欢　李金格　赵梦薇　沈玉云　周　萌　秦笑雅　李　丽

编　　　务（按姓氏拼音排列）

　　　　　　李金格　李　丽　秦笑雅　沈玉云　王　腾　肖发华　肖　璐　赵梦薇　周　萌

摄　　　影　张　义　王　腾　侯博文

指 导 单 位　南京市文化和旅游局

主 办 单 位　南京城墙保护管理中心

承 办 单 位　南京城墙博物馆

总 策 划　马　麟

策 展 团 队　金连玉　周　源　肖　璐　李昕桐　赵梦薇　沈玉云　王　腾　杨　欢　李金格

　　　　　　考　薇　周　萌　李　丽　夏慧

大 纲 撰 写　李昕桐　金连玉　周　源　赵梦薇　沈玉云　王　腾　杨　欢　李金格　考　薇

　　　　　　周　萌　肖　璐

展 陈 执 行　肖　璐　李昕桐　王　腾　杨　欢　王翎人

展 品 组 织　朱明娥　李　丽　夏慧

安 全 保 障　熊玉林　徐彬彬　顾　鸣　张渺汐　范　皞　吕　行

公 众 教 育　任　卓　肖　璐　陈英琦　施　毅

文 创 开 发　李　珩　张渺汐　李　雪

公 共 宣 传　胡　静　龚　哲　张　君　严　玥　杜清越

数 字 呈 现　肖发华　孟祥瑜

展 览 协 调　庄　元

展陈内容设计　南京城墙保护管理中心　南京大学文化与自然遗产研究所

展陈形式设计　南京百会装饰工程有限公司

展陈深化设计及施工　江苏爱涛文化产业有限公司

建 筑 设 计　华南理工大学建筑设计研究院有限公司

鸣 谢 单 位　故宫博物院　中国国家博物馆　南京博物院　南京图书馆　无锡博物院

　　　　　　南京市档案馆　南京市博物总馆　南京市考古研究院

　　　　　　凤阳县文物管理所（凤阳县博物馆）　江西省抚州市黎川县人民政府

　　　　　　韩国国立中央博物馆

目　录

博物馆登顶坡道与夹丝玻璃立面

博物馆与中华门瓮城相呼应

始建于 1366 年的南京城墙，是明代的都城城墙，也是中国古代城垣建造技术的集大成之作。它是中国现存最长、保存最完整的城市城墙，也是古都南京一张世界级的文化名片。2022 年 5 月 18 日，承载了南京市民美好期望及丰厚历史文化内涵的南京城墙博物馆正式开放，南京城墙这座旷世城垣，以另一种形式华美再现。

作为中国最大的城墙专题博物馆以及中国明清城墙申报世界文化遗产的展示地，南京城墙博物馆为南京城墙深厚历史文化内涵的展示与活化利用打造了一块坚实的阵地，也为南京市开展长江文化保护与传承工作提供了平台。南京城墙博物馆不仅扮演着讲好城墙故事、发扬传统文化、阐释遗产价值的重要角色，还在建筑设计、专题陈列、基础研究、文物征集、展陈形式等方面独具特色，亮点频出。

一、创新建设理念　拉近遗产距离

南京城墙博物馆隶属于南京城墙保护管理中心。该中心成立于 2014 年，隶属于南京市文化和旅游局，承担着南京城墙保护、管理、研究等任务，其前身为南京市明城垣史博物馆，位于解放门段城墙内部空间中，展厅面积约 200 平方米，这样局促的空间难以全面展现南京城墙历史文化各方面的信息。

南京市政府对南京城墙的保护利用非常重视，很早就提出建设南京城墙博物馆的设想。目前，"中国明清城墙"联合申遗工作正在推进中，南京作为牵头城市，应该起到示范性作用，国家文物局和南京市政府对此非常重视，新馆的筹建被提上日程。此外，南京市民对城墙的情怀也推动了这项工作的开展，大家都希望有一个专门的文化场所对南京城墙进行展示和宣传。

自 2014 年筹建以来，博物馆的选址颇费周折，经过多方研究，最终将馆舍建设地点定在中华门瓮城东侧。这里可以看见古城墙，亲近秦淮河，让城墙与博物馆形成对话，使城墙与中华门瓮城成为博物馆最大的藏品。南京城墙博物馆 2017 年开始甄选建筑方案，2018年 6 月 9 日建筑工程启动，2021 年 12 月 29 日向公众开放试运营，其建筑面积约 13000 平方米，展览面积约 4200 平方米。

在博物馆建设过程中，设计与建设者们独具匠心，攻坚克难，努力为南京增添一座新文化地标。

独特的设计理念 博物馆建筑设计由华南理工大学何镜堂院士领衔，设计时紧密结合周边的城墙本体和环境，对博物馆建筑高度和体量的考量优先参考城墙本体，以"呈墙"为设计理念，采用南京城墙中华门瓮城东侧的斜坡马道和城楼平台为设计元素，以青灰色为主要色调，实现了古城墙与新展馆之间的和谐交融，避免现代建筑与古代文物的视觉审美冲突。

返璞归真的审美 走进博物馆，内部建筑呈青灰色，这是南京城墙的象征色，是每一块城砖的颜色。在低调而沉稳的灰色底调中，融入的一丝青色又内敛地显露出隐隐约约的生机与活力。博物馆内部建造采用清水混凝土施工工艺，使室内整体视觉效果与城砖颜色协调呼应，实现现代艺术与古典内容的有机融合。置身大厅内外，满目青灰，恍然间仿佛穿越回城墙初建的那个年代，给人以真实感的同时也更符合现代人的审美。

匠心之制的工艺 博物馆建设是全市重点民生工程，用心品味，就会发现许多匠心细节。比如博物馆外观设计所使用的夹胶夹丝幕墙玻璃，是国内首次将这种新材料用于大型建筑外立面。在精细施工下制作出来的玻璃幕墙，正反两面呈现出不同的视觉效果。从建筑外观看，模糊映射，和古老的中华门瓮城相融共生，博物馆建筑消隐于周边环境之中；从内向外看，中华门瓮城的雄姿清晰可见，新旧对话，完美实现了"呈墙"的设计理念。

全面实时的监测 为了更好地呵护 650 多岁的南京城墙，2020 年 2 月，南京率先启动建设南京城墙监测预警平台。作为城墙申遗的配套工程，监测预警中心设置在博物馆负二层。在整个项目实施过程中，城墙中心工作人员因地制宜、独具匠心地设计和研发了具有南京城墙鲜明特色的监测预警平台，实现了"变化可监测、风险可预报、险情可预控、保护可提前"的预防性保护管理。同时，该平台在国内城墙类遗产地中摘下四个"最"：规格最高——全部采用地理信息、物联网、大数据等最新技术成果；体量最大——可以全方位立体化监测所有现存的 25 千米城墙；功能最全——拥有 8 个子系统、57 个功能模块；设备最多——全线共安装 263 套自动化监测设备，不间断监测服务总计 1575 个点位。这一串串数字，正是南京以世界文化遗产的标准保护南京城墙的写照。

二、提炼展览主题 深化遗产阐释

南京城墙博物馆基本陈列"旷世城垣——南京城墙历史文化陈列"有别于精品文物类展览和通常所见的历史叙事类展览，结合"中国明清城墙"联合申遗展示地的需求，立足于南京城墙申报世界文化遗产的定位，力图以专题化的形式对城墙历史文化价值进行诠释，以阐明其文化遗产价值。

基本陈列以南京城墙的历史和文化为主题，分五个单元分别展示南京城墙的设计思想、筑城技术、都城文明、军事防御和遗产传承。第一单元"天地融合 大明之都"围绕城墙设计思想，从人地关系、象天法地阐释当时的筑城思想；第二单元"一砖一石 众志成城"突出城墙的建筑技术和工程的典范之处；第三单元"四重城垣 皇都威仪"侧重于展示城墙的都城规模和格局，体现其作为文明见证的独特之处；第四单元"战火洗礼 城垣沧桑"通过城墙经历的重要战役，穿插小专题，展现城墙的军事防御功能；第五单元"城墙记忆 遗产传承"聚焦近代以来城墙的功能转换以及与当代南京和南京人的关系，呈现其作为文化遗产的传承、保护和利用。

展览的五个部分紧密结合南京城墙的文化遗产价值展开叙述，通过对文物的解读和多种展览形式的运用，向观众传达南京城墙在南京古都格局的形成过程中起到的不可替代的作用，是长江文化遗产的杰出案例，符合"见证""典范"及"人地关系"三项世界遗产价值评定标准。南京城墙与中国现存的明清时期城市城墙，共同构成了带有中国古代城市礼制差序格局与内在逻辑关系的遗产体系。

三、扎实基础研究　提升学术水准

一个好的展览必须有高水平的学术研究作为支撑，同时研究工作也是保护、传承南京城墙的基础。南京城墙保护管理中心秉持"专业引领、学术先行"理念，坚持理论研究与应用研究两手抓，依托数十名不同学科背景的博、硕士人才，在实践中积极探索形成了城墙研究"4+1"模式，包括"打造一个学术研究品牌""对接一个专业国际组织""建设一个重点实验室""形成一个智囊团队"和"支持多项重点课题"。

一个学术研究品牌　即"文旅先锋＋国际视野下的'城墙学'研究"党建品牌。以建立"城墙学"研究体系为目标，致力于构建中国乃至世界"城墙学"研究的重要学术阵地。在这一体系下，中心创办国内首家"城墙学"研究专业辑刊《中国城墙》，出版《中国明清城墙》《南京城墙研究》等十余部书籍，发表百余篇学术论文，获得国家级及省市多项荣誉。

一个专业国际组织　即国际古迹遗址理事会城防与军事遗产科学委员会（ICOFORT）。2020 年，南京城墙成为中国首个加入该科学委员会的文博单位，依托这一国际平台，南京城墙研究有了更广阔的视野，相关成果及动态受到越来越多的国际关注，频繁的学术交流活动也为扩大南京城墙的国际影响力创造了更多机会。

一个重点实验室　即国家新闻出版业科技与标准重点实验室——内容呈现与表达智媒体实验室。南京城墙保护管理中心作为该实验室主任单位，积极运用多种创新智媒手段，加强资源整合和机制创新，着力于融媒体出版、数字文化旅游、文化遗产保护等领域，完成了"南京城墙军事防御功能研究与展示"项目、《帝都王城——从良渚王城到大明帝都》融媒体图书等多项数字化成果，初步形成"数字城墙"规模。

一个智囊团队　即"一院两会"智囊团队。通过发起成立（南京）中国城墙研究院、南京城墙研究会、南京古都城墙保护基金会，形成稳定的外部专家力量。"一院两会"的建设与发展，维系着关注、支持城墙研究的各领域专家学者，为南京城墙各项研究的高质量开展提供了强大助力。

多项重点课题 即围绕城墙遗产形成的具有鲜明时代特色和地域特色的城墙研究课题集群。目前，已完成79项国家、省、市级课题研究项目，在南京城墙四重城垣体系、古都格局、护城河体系、中国城墙乃至国际视野下的城墙遗产等方面均取得了丰硕的成果，并以此作为基本陈列的学术支撑，应用于展览之中，深入解读南京城墙及其文化遗产价值，为观众带来兼顾学术性和创新性的展览内容。例如，历时三年开展的"南京城墙记忆"口述史项目收集了百位社会各界人士的城墙故事，不仅有谢辰生、蒋赞初等著名专家学者，也有城墙保护工作者、志愿者及城墙边生活的普通人，展览末尾以这些珍贵的口述历史搭建起的"百人记忆墙"，向观众诉说着那些不为人知的城墙记忆，也唤起了每一位观众的情感共鸣。

四、丰富展陈形式　深化展览内容

南京城墙博物馆在建馆之初就面临着展示对象过于庞大和藏品单一的困境。从展示对象来说，南京城墙作为世界现存体量最大的城市城墙，博物馆如何在封闭的有限空间展示这个位于空间外长达25千米的"不可移动文物"，这对展品的征集和展示的设计来说都存在巨大的难度。同时，南京城墙最显著的特征便是与人及人的生活广泛相连，如何展示城墙背后的人及他们的生活，成为博物馆不得不面临的挑战。此外，从藏品的角度来说，在筹建之初，馆藏文物约1900件，但95%以上均是城墙砖。针对原有藏品单一且展示效果欠佳等遗址博物馆常见问题，"旷世城垣"展主要在以下几方面有所创新：

首先，围绕展览主题有针对性地丰富馆藏，打破展品过于单一的劣势。"旷世城垣"展以阐释南京城墙文化遗产价值为主题，除了展示南京城墙建设的历史背景外，还从营建技术、选址思想、军事防御、文化遗产等多角度，综合反映南京城墙丰富的遗产价值。围绕这一主题，展览有针对性地扩展展品类型，多方面征集相关展品。例如，城墙作为古代城市防御系统，其营建及发展与战争防御、兵器的发展与成熟有密切关系，展览中便设置第四单元"战火洗礼 城垣沧桑"，集中展示南京城墙的军事防御功能，以南京城墙经历的数次战争为脉络，配合对元末明初至民国时期武器装备的藏品征集，全面展现14世纪以来兵器的发展与演变对城墙防御功能的影响。并对重点展览内容，如元末明初的火器发展，以小专题的形式聚合展品，进行知识深度与广度延展，既避免扰乱展览主线，又适当地扩展了展览范畴。

其次，以扎实学术研究为展览支撑，吸纳最新考古发现及研究成果。文化遗产专题博物馆展示对研究水平依赖较高，展览中需要扎实的学术研究作为基础支撑，"旷世城垣"展览在筹划之初就组建了一支具有较高学术水平的策展团队，以扎实、深厚的学术研究为展览提供可靠依据，同时吸纳学界最新考古及研究成果，为展览创新持续助力。比如，城砖是构成南京城墙的基本要素，第二单元"一砖一石 众志成城"就以城砖烧造—来源—运输—修筑城墙为线索，展现"从一抔土到一座城"的策展思路。展览中大量利用长江中下游五省城墙砖窑考古调查与研究成果，首次展示了江西黎川南京城墙砖窑及砖坯遗址、南京栖霞区南京城墙砖窑遗址考古材料，丰富南京城墙砖烧造的技术展示，为展览提供科学、客观的学术支撑。

最后，创新展陈形式，挖掘展览内容，增强展览观赏性与交互性。展览中既侧重挖掘展品内容，实现展览宏观叙事与微观表达的结合，又探索、创新展陈形式，提升展览知识性、观赏性与交互性。如展览第二单元针对传统城砖展示形式较为单一、观赏性较差的问题，创新性地以城砖阵列形式展示 700 多块不同铭文的城墙砖，为观众带来强烈的视觉冲击，这一展厅也成为博物馆的"网红打卡点"，深受观众喜爱。同时，城砖阵列展示中充分运用南京城墙砖文多年来的研究成果，将城砖按照不同产地在展墙上排列展示，梳理出展览脉络，并结合中央船形展柜的纪年砖、寺庙砖、"名人"砖等特色城砖，还原 650 年前南京城墙营造对长江中下游地区产生的深刻影响，引导观众参与到城砖铭文的解读与探索中。

五、促进馆地联动　展现城人之美

南京城墙博物馆始终坚持最大、最重要的藏品是馆外的南京城墙。但由于体量庞大，观众可能无法短时间内领略南京城墙遗产全貌，因此在展览中，积极借助多种展陈形式，结合多种辅助展示手段，以成熟、适度的数字技术，增强博物馆与遗产地的紧密联动，提升公众对城墙遗产的实地体验。

城砖铭文查询　城砖和城砖铭文是一座明初历史资料库，包含了南京城墙的烧砖地点、制砖工艺、造砖人员、城砖责任制和书法篆刻、字体演变等丰富文化信息。博物馆在展厅内设置有城砖铭文查询系统，观众可以寻找展厅内与自己的姓氏、城市相同的城砖信息，与这座数百年前的古老城墙建立跨越时空的联系。

沉浸式影院　在博物馆内，观众还可以走进沉浸式影院"穿越"到明朝，通过多媒体沉浸式影像跨越时光，跟随朝贡使臣一起，以第一视角身临其境地感受明代南京城墙的巍峨壮丽，体验明朝南京市井生活的烟火气息，欣赏明朝都城的繁华盛景。

明都复原沙盘　南京城墙拥有宏大的空间结构，第三单元"四重城垣　皇都威仪"展厅以明代南京城墙四重城垣复原沙盘为核心，配合沙盘上方多媒体解读，为观众展现明代南京规模宏大的城垣布局体系。沙盘以南京明代城市复原成果为基础，通过对宫城、皇城、京城、外郭四重城垣的展示，再现了 14 至 15 世纪，作为大明国都的南京城垣体系与城市布局。在城墙环绕之内，街道、桥梁、楼馆、集市、官署等，共同绘就了大明都城辉煌壮丽的画卷。

线上漫游城墙　城墙本体是博物馆最重要的展品，展览的最后设置"漫游城墙"多媒体大屏，将观众的视线引导至今日的南京城墙。该展项精选中华门、仪凤门、解放门等主要城墙段，以及城墙周边的夫子庙、玄武湖、狮子山等重要景观，通过航拍视频等，让观众体验由城墙串联起的南京城墙风光带，引导观众在走出展厅之后走上城墙，切身感受南京城墙这座文化遗产。

六、结语

南京城墙博物馆的建成与开放开启了南京城墙的全新篇章，不仅为南京增添了一座新的文化地标，也将在各城墙申遗城市中起到表率引领作用，为"中国明清城墙"申报世界文化遗产助力，更为长江文物及文化遗产的保护、传承贡献力量。未来博物馆将继续践行科研模式，拓宽研究领域，提高藏品数量与质量，加强国内外交流，引进优秀展览，不断提升文化内涵与博物馆层级，为市民与游客提供更好的参观体验，争创中国一流、有世界影响力的城墙专题博物馆。

在南京城墙博物馆华美绽放之际，南京城墙保护中心的发展也迎来了新的历史机遇。2021 年 12 月，南京城墙博物馆、南京市明故宫遗址公园管理处、南京市清凉山公园管理处、南京市石头城公园管理处等相关单位整合，设立新的南京城墙保护管理中心，进一步理顺机制体制，描绘城河一体、古今生辉的历史人文画卷，汇聚各方力量推进申遗。2024 年，南京城墙第三次被列入国家文物局《中国世界遗产预备名单》，南京城墙的保护与传承工作翻开新的篇章。

为更好地向公众呈现南京城墙的独特价值，我们在展览基础上，编写了这本整合展览思路、汇聚文物精华、丰富内容解读的展览图录——《旷世城垣：南京城墙历史文化陈列》。在本书成书的过程中，得到业内诸多专家、学者的大力支持与悉心指导。在此，向所有关心、支持本书出版的领导与同仁表示衷心感谢。

前　言

南京城墙是中国明代都城城墙，修筑于公元 14 世纪中后期，由明太祖朱元璋设计并监工，长江中下游五省近百万工匠参与，历时 28 年建筑而成。从内到外由宫城、皇城、京城、外郭四重城垣组成。其中京城城门 13 座，城垣长 35.267 千米，现存 25.091 千米，是世界上现存最长的砖石构造城市城墙；外郭城门 18 座，长约 60 千米，遗迹约 30 千米，围合城市面积达到 230 平方千米。无论历史还是现状，南京城墙的长度和规模都可谓世界第一。

南京城墙有着丰富的多元文化价值，无论是规模宏大的内瓮城，还是构思精巧的水关涵闸，抑或数以亿计城砖上的责任制铭文，都不愧为露天的明初军事、科技、历史、文化、艺术宝库。明代著名学者顾起元赞誉其为"高坚甲于海内"，同时代意大利传教士利玛窦也认为，南京城论秀丽和雄壮"或许很少有其他城市可以与它匹敌或胜过它"。

南京城墙在南京古都格局的形成过程中起到了不可替代的作用。它符合"见证""典范"及"人地关系"三项世界遗产价值评定标准，浓缩了中国 6000 年的筑城文明，达到了 14 世纪东亚城市城墙营建技术的巅峰。南京城墙与中国现存的明清时期城市城墙，共同构成了带有中国古代城市礼制差序格局与内在逻辑关系的遗产体系。本展览从设计思想、筑城技术、皇都威仪、军事防御、遗产传承五个方面，全面展现南京城墙的历史文化及遗产价值。

目前，南京坚持保护优先，合理开发利用，以申报世界文化遗产的标准和要求，努力将南京城墙打造成具有国际影响力的城市文化名片和世界级旅游目的地，让这座旷世城垣在新时代焕发出更加夺目的光彩。

明《金陵古今图考》之《历代互见图》（局部）

天地融合　大明之都

南京拥有着漫长的筑城史，从新石器时代保卫生命财产的实用之城，到周王朝开始依照营国制度修建的礼制之城，再到秦汉以来形制规整、规模宏大的盛世之城，随着历代城墙的修筑，一整套筑城规划思想也逐渐形成。

元末明初南京城墙的营建，继承并发扬了中国古代的筑城传统，顺应山川地势，遵循礼制规范，融合因地制宜、天人合一的理念，成为表现中国传统人地关系的一项杰出范例。

应天之命
定都南京

ANSWERING THE
MANDATE OF HEAVEN
SETTING NANJING AS THE CAPITAL

最高决策朱元璋
Zhu Yuanzhang,
the Top Decision Maker

神机妙算众谋士

帝业将成谋建都

元至正二十六年（1366） 明洪武元年（1368）

清
QING DYNASTY

太平天国
TAIPING HEAVENLY KINGDOM

中华民国
REPUBLIC OF CHINA

中华人民共和国
PEOPLE'S REPUBLIC OF CHINA

公元 公元 公元 公元 公元
1949 1912 1911 1864 1851

隋唐

南唐

宋元

明

清

中华民国

中华人民共和国

581—907 年

隋唐两代，南京的建制多为州、郡或县。

937—975 年

五代十国时期，南京作为南唐的都城再次崛起，城池规模远超前代，在南京古代城池发展史上具有里程碑式的意义。

960—1368 年

宋元时期，南京城池基本沿用南唐时的格局，为东南重镇。

1368—1644 年

明太祖朱元璋定都南京，营建由宫城、皇城、京城、外郭四重城垣构成的南京城。南京的城墙建设也随之发展至巅峰，成为当时世界上最长、规模最宏伟的城市城墙。

1644—1911 年

清代，南京是江南的政治、经济、军事中心。明故宫区域被改造为满城。

1912—1949 年

中华民国两度定都南京。城墙经历战争和城市的扩建，最终得以保存。

1949 年至今

自 20 世纪 80 年代以来，南京城墙成为南京重要的文化遗产，也是「山水城林」城市景观的重要一环。

新石器时代

距今约 10000—约 5000 年

薛城文化、北阴阳营文化等原始村落。

商周

约公元前 1600—前 221 年

长干古城、楚国棠邑城、吴国濑渚邑、越国越城、楚国金陵邑。建成南京目前已知最早的城墙。

秦汉

公元前 221—公元 220 年

溧阳、棠邑、丹阳、秣陵、江乘五县。

东吴

222—280 年

229 年，孙权定都建业，为南京建都之始。

东晋

317—420 年

317 年，司马睿定都建康，在吴都旧址的基础上，对城市进行了改造，形成了左右对称的中轴线布局。

南朝宋

420—479 年

420 年，刘裕定都建康，增设城门，兴建宫殿，营建外郭。

南朝齐

479—502 年

479 年，齐王朝以建康为都城，并对都城城墙进行改建，城墙采用城砖砌筑，为南京以砖砌城墙之始。

南朝梁

502—557 年

502 年，梁王朝建立，仍以建康为都城，城市范围再次扩大，增建了宫城城墙。

南朝陈

557—589 年

557 年，陈王朝建立，重建建康都城。

南京，自古有着"钟山龙蟠，石头虎踞"之称，地理位置优越，气候宜人，山河相连。其地处长江下游水陆要道，交通便利，在中国古代历史上拥有重要的经济和军事地位。约 3100 年的建城史和 450 余年的建都史，使其有"六朝古都""十朝都会"的美誉。

从新石器时代原始村落开始，历经商周、秦汉、六朝、隋唐，直至宋元，南京的城市与城墙不断发展，为明代都城城墙的建造奠定了基础。明代南京成为中国历史上首个在长江中下游地区建设的统一王朝都城，并对东北亚地区都城营建产生深远影响。

▶ 越 城

公元前 472 年，越王勾践命大夫范蠡在长干里筑越城。越城是今南京主城区有明确记载的最早的古城。

自 2017 年至今，南京西街遗址考古发掘工作持续开展，发现了一处晚商至西周时期的古城遗址——长干古城，将南京建城史时间提前至商周之际。

明《金陵古今图考》之《吴越楚地图》

陶四面锥形器

Four-sided Pottery Cone

东晋（317—420 年）

高 17、长 22、宽 19 厘米

2018 年南京市西街遗址出土

南京市考古研究院藏

　　四面锥形，四角较锐利。关于其用途，有学者推测其为古代镇席，一般置于席子的四角；也有推测其为古代路障，即铁蒺藜的前身，具有一定的军事用途。

　　此锥形器出土于长干里古居民区及越城遗址区内的南京西街遗址。该遗址共出土类似器物十余件，形制大小相同，多数有残缺。

南京市西街遗址平面图

► 石头城

石头城始建于三国孙吴时期。212 年，孙权在楚国金陵邑旧址之上修筑石头城，用作军事基地，经东晋、南朝，一直沿用至唐代末年。东吴时期的石头城只是土筑城墙，也称石头坞，到东晋时整修加固，开始改为包砖墙。

2016—2017 年，清凉山石头城遗址考古工作中发现了孙吴时期的砖铺路面、东晋至南朝早期的包砖墙及角楼遗迹、南朝晚期的城门遗迹，均是石头城在整个六朝时期不断修缮沿革的历史见证。

石头城城门遗迹

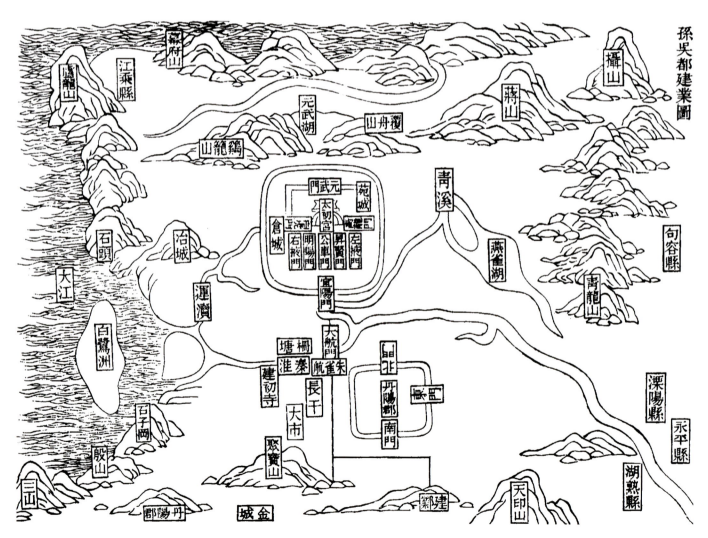

明《金陵古今图考》之《孙吴都建业图》

"石头"铭文城砖
City Wall Brick with Inscription of "Shi Tou (Stone)"

东晋晚期
长 16.5、宽 16、厚 4.5 厘米
南京市清凉山石头城遗址出土
南京大学南京石头城考古队藏

呈长方体，有残损。顶端模印"石头"铭文，砖面有细绳纹。

此城砖出土于石头城遗址西北角一号城门北侧包砖墙上，进一步证明了清凉山石头城遗址就是史载孙权在临江而立的石头山上建造的"石头城"，具有重要的历史价值。

石头城遗址第三次考古发掘（2016—2017 年）中，发现了这块带有"石头"铭文字样的城砖，为石头城所在地找到了直接的证据。目前，已初步确认南京六朝石头城城址主体位于今清凉山、国防园区域范围内，在此范围内的地下保存着体量巨大的城垣遗迹；目前发现的城垣遗迹主体是利用自然山体，采用局部夯筑，并在墙体外部包以砖墙的结构。

大泉五百、大泉当千
"Daquan Five-hundred" Coin, "Daquan One-thousand" Coin

三国吴（222—280 年）
二枚
大泉五百：直径 2.9、穿边长 1 厘米
大泉当千：直径 3.3、穿边长 1 厘米

青铜质。圆形，中间有方孔，钱文分别为"大泉五百"，对读，"大泉当千"，旋读，均为篆书，风格古朴。

根据《三国志》记载，孙吴政权在沿用汉代五铢钱的同时，为增加财政收入，新铸造多种高面额大钱。嘉禾五年（236 年），始铸大泉五百，以一值五铢钱五百，赤乌元年（238 年），又铸大泉当千，以一值五铢钱一千，后又陆续出现大泉二千和大泉五千。由于此类钱币面值过高，导致物价严重上涨，逐渐引起人民不满，流通不久，便于赤乌九年（246 年）停止铸行，由官府作价收回。但直到东晋时期，此类钱币仍按不同作价继续在民间流通。根据目前孙吴时期钱币铸造遗址地域分布情况来看，其铸币场所集中在建业附近，即今江苏南部和浙江北部，受铸币技术和市场抵制因素影响，铸币规模和流通范围都非常有限。作为孙吴政权官方铸币，大泉五百与大泉当千虽然流通范围小，发行时间短，但仍是吴国经济发展的重要见证。

大泉五百

大泉当千

► 六朝建康城

吴黄龙元年（229年），孙权定都建业，此为南京建都之始。229—589年，南京先后作为东吴、东晋、宋、齐、梁、陈六朝的都城，城池建设达到高潮，形成了由宫城、都城、外郭三重城垣组成的结构，其形制对北魏都城洛阳和隋唐长安城都产生了重要影响。

六朝建康都城的核心区域位于今南京大行宫一带，考古发现了东晋、南朝建康都城和宫城区的部分城墙、护城濠，以及道路、建筑遗迹等。

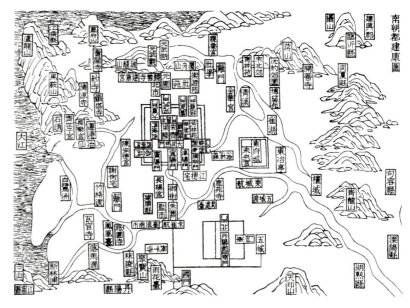

明《金陵古今图考》之《南朝都建康图》

"东冶"铭文铁锭
Iron Ingots with Inscription of "Dong Ye (East Ye City)"

六朝（222—589 年）

二枚

上：长 39、宽 5.7、厚 0.9 厘米

下：长 41、宽 5.3、厚 0.8 厘米

呈扁长条形，带"东冶"铭文。孙吴定都建业时，设冶城为冶铸之所，其址推测位于今南京朝天宫附近。晋灭吴后，该冶场依然为冶铸重地。

历史上冶城后来迁往何处，有不同说法。一说冶城后被分迁东、西两地，故有东冶、西冶之称。结合《建康实录》等文献记载及相关考古发现，有学者推测东冶应在南京东南今象房西村、象房新村一带，西邻淮水，并向东延伸至秦淮河以南区域。这一地块北以秦淮河为限，直到20世纪30年代还分布着大大小小近30块水塘，作为冶铸场所非常合适。这两件带有"东冶"铭文的铁锭，是历史上东冶的重要实物见证。

漆甲片
Lacquered Plates

六朝（222—589 年）

五件

长 11、宽 6.5 厘米

　　皮质。表面髹漆，开有用以组合编连的孔眼。这组髹漆皮甲极薄易碎，色泽鲜明，保存良好。

　　中国古代的甲胄主要分为铁甲和皮甲两种。漆皮甲是用皮革材料制作甲片，然后在甲片上髹漆，并将甲片按一定顺序编缀起来的护具。有些漆皮甲还用生漆在甲片表面绘以精美的纹饰，不仅能防潮防霉，也使皮甲更加美观。

太货六铢
└── "Taihuo Six-zhu" Coins ─────────────────

南朝陈（557—589 年）

三枚

直径 2.5、穿边长 0.9 厘米

　　青铜质。圆形，中间有方孔，钱文"太货六铢"，篆书，对读。陈宣帝太建十一年（579 年）始铸，是六朝货币中最为精美的一种，目前所见，皆篆文娟秀，铸造工整。

　　《隋书·食货志》记载："宣帝大（太）建十一年，又铸大（太）货六铢，以一当五铢之十，与五铢并行，后还当一，人皆不便……未几而帝崩，遂废六铢而行五铢。"可知太货六铢为虚价大钱，铸行后，导致货币贬值，引起社会不满，不久即被废除。

南唐江宁府城

914 年，南唐开国皇帝徐知诰开始修筑昇州城，南唐的都城江宁府城在此基础上发展而来，"城"与"市"结合，标志着南唐时期南京社会经济发展到相当的水平，奠定了明清时期南京城南商贸生活区的基本格局。其城池修建依托江南地区繁荣的经济和丰富的物产，城池坚固雄伟，成为南宋建康府城及明代应天府城营建的基础。

20 世纪 90 年代，在南京张府园发现了南唐宫城的护龙河遗址。2001 年，于南京武定门城墙段东南隅的土岗上，发现南唐伏龟楼遗址，是南唐都城城垣的重要附属建筑。

2021 年 9 月起，南京市考古研究院在南京市珠江路南侧、鸡鸭巷北侧发现了一段五代至宋的墙体。墙体呈长条形，为东西向，东西长 48.5、残高 0.6 ~ 1.9 米，推测属杨吴、南唐至南宋建康城北城墙遗址。

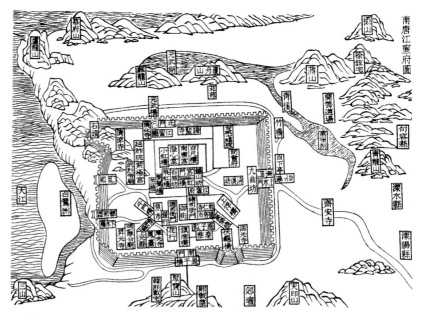

明《金陵古今图考》之《南唐江宁府图》

南唐城墙遗址城砖

Brick of Southern Tang City Wall Site

南唐（937—975 年）
长 37、宽 19、厚 6 厘米
南京市南唐伏龟楼遗址出土

呈长方体，灰白色。此城砖与南唐二陵发现的城砖尺寸相近。

2001 年，在武定门至雨花台之间的明城墙东南转角内侧土岗上曾发现一处建筑遗迹，该遗迹为向上略有收分的建筑台基，砌筑考究，通体铺设城砖，城砖与南唐二陵及南京地区发现的南唐墓砖相似。根据遗迹位置及砖构墩台的建筑特征，推测其为南唐城墙城垣东南角的伏龟楼基址。

武定门南唐城墙遗址

珠江路杨吴南唐金陵城北墙

唐国通宝

"Tangguo Tongbao" Coins

南唐（937—975 年）

三枚

上：钱文隶书，直径 2、穿边长 0.5 厘米

下左：钱文篆书，直径 2.5、穿边长 0.5 厘米

下右：钱文篆书，背星，直径 2.5、穿边长 0.5 厘米

  青铜质。圆形，中间有方孔，钱文"唐国通宝"，对读。显德六年（959 年）南唐李璟铸，是一种国号钱。这组唐国通宝为隶书、篆书两种钱文，篆书中有一枚背星。

  唐国通宝多为青铜质，亦有铁钱、铅钱，书体分楷、隶、篆三种，多为光背，少数背有星月纹。形制较为多样，以小平钱居多。南唐初年，国势较为强盛，大量铸造唐国通宝钱，多铸工精良，书体工整。

  唐国通宝有篆、隶相对，篆、楷相对的对钱。对钱始创于南唐，往往两枚一套，成双成对，除汉文书体有异外，钱文、大小、薄厚、边郭、纹饰、材质等均相同，形成一种和谐与对称的美感，是钱文艺术的一种发展，在之后的宋代，尤其是北宋时期极为盛行。

开元通宝
"Kaiyuan Tongbao" Coins

南唐（937—975 年）

三枚

左：钱文篆书，直径 2.5、穿边长 0.5 厘米

中：钱文篆书，直径 2.5、穿边长 0.5 厘米

右：钱文隶书，背星，直径 2.5、穿边长 0.5 厘米

青铜质。圆形，中间有方孔，钱文"开元通宝"，对读。南唐李璟铸，面文相传为徐铉所书。这组开元通宝为篆书、隶书两种，其中隶书为背星。

唐高祖武德四年（621 年）宣布废除五铢钱，改行"开元通宝"钱，标准的开元通宝每枚为一两，一枚的重量为一钱，自此产生了一两等于十钱的十进位衡制。南唐开元通宝制度、大小皆仿唐武德开元通宝，较唐开元通宝外郭微宽，字形显矮，有篆、隶相对的对钱。

大唐通宝
"Datang Tongbao" Coins

南唐（937—975 年）

二枚

上：直径 2.1、穿边长 0.5 厘米

下：背月，直径 2、穿边长 0.5 厘米

青铜质。圆形，中间有方孔，钱文"大唐通宝"，隶书，对读。其中一枚背有月纹。南唐李璟铸。

大唐通宝为青铜质，亦有铁钱，多为光背，少数背有星月纹。形制与唐国通宝类似，钱体大小不一，以大、小区分为两种。

➤ 宋元建康府城、集庆路城

　　宋代，南京的城市格局基本沿袭了南唐江宁府城。南宋时期，建康城作为东南重镇，极为繁盛，城池也经多次大规模修筑。

　　元天历二年（1329 年），改建康府为集庆路，南京建置、城市布局基本沿袭宋时旧制，同时对护城河进行了疏浚。

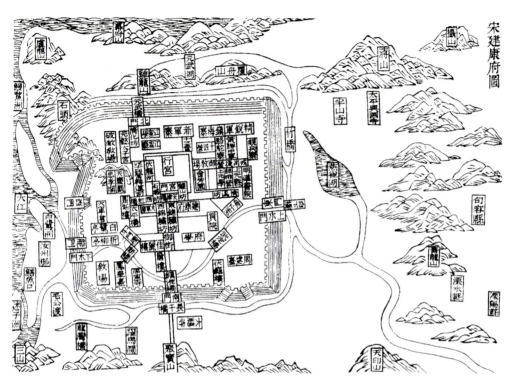

明《金陵古今图考》之《宋建康府图》

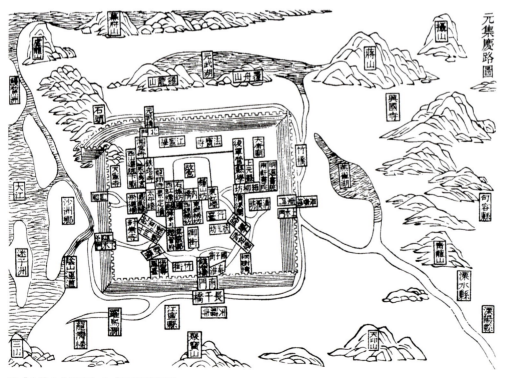

明《金陵古今图考》之《元集庆路图》

"东窑监官"铭文城砖
___ City Wall Brick with Inscription of "East Kiln Official" ___

南宋（1127—1279 年）
长 35、宽 17、厚 6 厘米

呈长方体。端头一侧模印"东窑监官"四字铭文，"东窑"为窑址名，"监官"是负责城砖烧造事务的管理官员。从尺寸、重量及与馆藏"绍定壬辰 太平西窑"铭文城砖的砖文比对来看，可基本确定该城砖为南京城墙极其少见的南宋时期城砖，具有重要的研究价值。

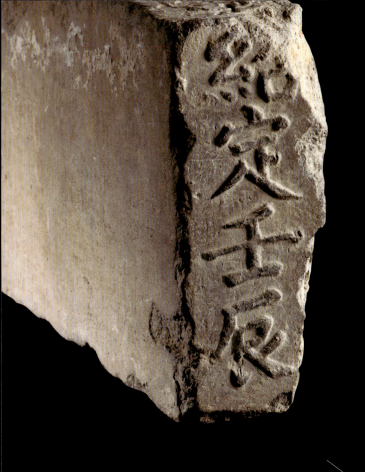

呈长方体。三面模印楷书铭文，端头两面为"绍定壬辰""太平西窑"，侧面为"知府监簿赵希衮"，分别记录了烧造时间、烧造地点以及职官姓名，表明该城砖为南宋绍定五年（1232年），赵希衮任知府期间，于太平西窑烧造而成。

赵希衮，曾任安庆知府。安庆府于南宋末年在舒州故城（今安徽潜山）基础上建成，《潜山县志》中《建四城楼记》记载："城因倾圮，一修于宋绍定。"20世纪70年代后，安庆老城区实行大范围城市改造，印有"绍定""赵希衮"等字样的铭文城砖不断被发现。可以初步推测该城砖为赵希衮任安庆府知府期间为修城所烧造。

南宋景定元年（1260年），时任沿江制置使的马光祖曾收集安庆府城砖用于修筑新城。景定年间至咸淳初年，马光祖任南京知府，对城墙进行大规模修筑，推测此批安庆城砖即在这一时期被用于城墙营建。

此城砖于维修南京城墙时发现，是目前南京城墙发现的唯一有确切年代的南宋城砖，对研究南京城墙历史具有重要参考价值。

"建康府"铭文铜镜

Bronze Mirror with Inscription of "Jiankang Prefecture"

南宋（1127—1279 年）

直径 16.5、厚 0.5 厘米

　　六出葵花形，花瓣圆润，呈圆弧状，镜面打磨光洁。镜背小圆钮，钮孔呈半圆形。钮左侧长方形框内有"建康府苑家炼铜照子记"十字铭文。

　　此类具有商标性质的铭文镜，宋代流行于长江下游地区，是宋镜中最具特点的镜类，与宋代商业繁荣、市民经济发展息息相关。此类镜一般在镜背素地上标有铸镜字号，字号为长方形印章式，方框内竖写一行或多行铭文。根据字号内容，可分为湖州镜、建康镜、常州镜、杭州镜等多种，其中建康镜较为稀少。

"平江路砖"铭文城砖

City Wall Brick with Inscription of "Pingjianglu Brick"

元（1271—1368 年）

长 33、宽 17、厚 7 厘米

呈长方体。端头一侧模印"平江路砖"四字铭文，表明该城砖为平江路铸造。

北宋政和三年（1113 年）升苏州置平江府，治所在吴县（今江苏苏州）。元至元十三年（1276 年）又以平江府改置平江路，治所仍在吴县。据此推测，"平江路砖"铭文城砖烧造于元至元十三年以后，用于修筑原宋代建康府城墙，城砖尺寸小于南京明城砖。

"大德二年 建康路造"铭文铜权

Bronze Bobweight with Inscription of "Made by Jiankanglu in the Second Year of the Dade Era"

元大德二年（1298 年）

高 8.5、腹最宽 4.1、底长 4.5、底宽 3 厘米

　　呈六面体形。倒梯形纽，中有一圆孔，腹部为上窄下宽的六面体，底座呈六角台阶式。上有"大德二年 建康路造平一"铭文，表明该铜权为元大德二年（1298 年）建康路（今江苏南京）铸造。

　　权，即秤锤，又叫秤砣，与衡（秤杆）相佐，用于称重量，称为衡器。度量衡系统对规范商品交换、维护社会稳定、保证国家权力等具有重要意义。元代，度量衡器的标准由中央政府统一制定并颁布实施，铜权的铸造受各级地方政府监督管理。此枚铭文铜权是元代完备度量衡管理制度的重要见证。

明都南京

元至正二十六年（1366年）八月，吴王朱元璋命刘基等人在应天（今江苏南京）营建新城，这是南京城墙营建的开始。

明洪武元年（1368年）元月，朱元璋在应天称帝，建立大明王朝。作为大明王朝的都城，南京城墙的建造成为一国之大事。

朱元璋画像（中国国家博物馆藏）

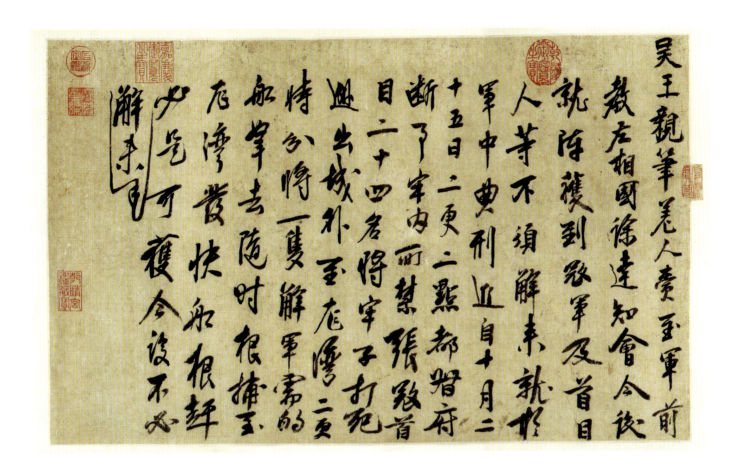

朱元璋行书手谕
Zhu Yuanzhang's Handwritten Order in Semi-cursive Script

明（1368—1644 年）

纵 35.9、横 58.7 厘米

无锡博物院藏

纸本，文 14 行，共 118 字，是朱元璋传世极为罕见的亲笔手书之一。书体起笔于楷，渐止于行楷，风格无门无派，笔画稍欠法度，稚拙中却又不乏挺拔。手谕内容为："吴王亲笔。差人赍至军前，教左相国徐达知会：今后就阵获到寇军及首目人等，不须解来，就于军中典刑。近自十月二十五日二更二点，都督府断事牢内所禁张寇首目二十四名，将牢子打死，逃出城外。至龙湾，二更时分，将一只解军需的船拿去。随时根捕，至龙湾发快船根赶，必是可获。今后不必解来。"文意直白，通俗易懂。

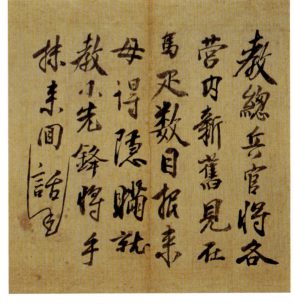

明 朱元璋《跋李公麟仿韦偃牧放图卷后》（局部，纸本，行书，故宫博物院藏）　　　　明 朱元璋《总兵帖》（局部，纸本，行书，故宫博物院藏）

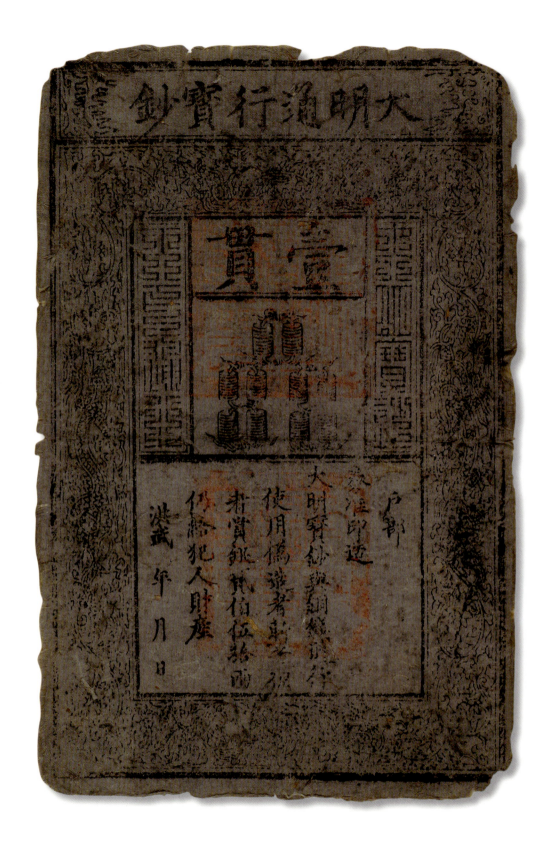

大明通行宝钞

"Daming Tongxing" Paper
Currency

明（1368—1644 年）

纵 32、横 21 厘米

南京市民俗博物馆藏

　　呈竖长方形。用桑皮纸印制，四周有龙纹花栏，上面横题"大明通行宝钞"六字，面额"壹贯"。钞纸质地较为粗厚，纤维清晰可见。

　　洪武八年（1375 年），明政府设立宝钞提举司，立钞法，发行"大明通行宝钞"，是明代发行的唯一一种钞币。面额有一百文、二百文、三百文、四百文、五百文、一贯共六种。每钞一贯折合铜钱一千文、银一两，钞四贯准黄金一两。洪武二十二年（1389 年）又增造小钞五等，自十文递增至五十文。

◆ 元末钱币一组

元至正年间，黄河决口，朝廷变更钞法，引起通货膨胀，物价暴涨，民不聊生，成为农民起义爆发的重要因素。元末农民起义给元朝统治者以沉重打击，加快元朝灭亡进程，为明朝的建立提供可能。元末起义军通过铸造青铜货币来抵制元朝统治者的"变钞"政策，进行军事战争的同时，积极展开经济斗争，对后世影响深远，其铸造铜钱包括龙凤通宝、天定通宝、大义通宝等。

龙凤通宝
"Longfeng Tongbao" Coin

元（1271—1368 年）
直径 3.4、穿边长 1 厘米

青铜质。圆形，中间有方孔，钱文"龙凤通宝"，楷书，对读，字体端庄，光背无文。为元末韩林儿起义军所铸年号钱。

元至正十一年（1351 年）五月，白莲教首领韩山童发动起义，灭元复宋。至正十五年（1355 年），其子韩林儿称"小明王"，国号大宋，建元龙凤。据《明史》记载，龙凤政权"横据中原"，"蔽遮江南十有余年"。

天定通宝
"Tianding Tongbao" Coins

元（1271—1368 年）

三枚

小平：直径 2.4、穿边长 0.6 厘米

折二：直径 2.8、穿边长 0.6 厘米

折三：直径 3.2、穿边长 0.7 厘米

　　青铜质。圆形，中间有方孔，钱文"天定通宝"，楷书，对读，光背无文。为元末徐寿辉起义军所铸年号钱。

　　元至正十一年（1351 年）八月，布贩出身的徐寿辉发动起义，攻占蕲水，建都称帝，国号天完，建元治平。至正十八年（1358 年），其部下陈友谅夺权，改元天启，次年改元天定。

小平

折二

折三

大义通宝
"Dayi Tongbao" Coins

元（1271—1368 年）

三枚

小平：直径 2.4、穿边长 0.5 厘米

折二：直径 2.8、穿边长 0.6 厘米

折三：直径 3.1、穿边长 0.7 厘米

　　青铜质。圆形，中间有方孔，钱文"大义通宝"，楷书，对读，光背无文。为元末陈友谅起义军所铸年号钱。

　　元至正二十年（1360 年），陈友谅杀徐寿辉称帝，国号大汉，改元大义，建都江州（今江西九江），成为朱元璋的强劲对手。

小平

折二

折三

038 — 旷世城垣 | 南京城墙历史文化陈列

大中通宝

"Dazhong Tongbao" Coins

元末明初

五枚

小平：直径 2.4、穿边长 0.5 厘米

折二：直径 2.8、穿边长 0.5 厘米

折三：直径 3.3、穿边长 0.8 厘米

折五：直径 3.9、穿边长 1 厘米

折十：背文京、十，直径 4.5、穿边长 1.2 厘米

小平

折二

折三

折五

青铜质。圆形，中间有方孔，钱文"大中通宝"，楷书，对读。

元至正二十一年（1361 年），朱元璋置宝源局于应天（今江苏南京），铸大中通宝钱，与历代钱兼行。及平陈友谅，命江西行省置货泉局，颁大中通宝钱，有大小五等钱式。并在各省分设宝泉局，背面有各省的局名，计有京、浙、福、鄂、广、桂、北平、豫、济等，每局有五等。

南京城墙博物馆藏小平、折二、折三、折五、折十共五种币值，其中折十背文京、十，是在应天铸造。

折十

折二：背文二钱，直径 2.9、穿边长 0.5 厘米

折三：背文三钱，直径 3.3、穿边长 0.7 厘米

折五：背文五钱，直径 4、穿边长 1 厘米

折十：背文十、一两，直径 4.7、穿边长 1 厘米

折十：背文十、福，直径 4.5、穿边长 1.1 厘米

小平

折二

折三

明洪武元年（1368年），朱元璋称帝，始铸洪武通宝钱，其制五等：当十、当五、当三、当二、当一。当十钱重一两，余递降至一钱止。洪武四年（1371年）改铸洪武通宝大钱为小钱。洪武二十二年（1389年），更改样式，钱背标注纪重文字。

折五

折十

折十

　　青铜质。圆形，中间有方孔，钱文"洪武通宝"，楷书，对读，背面有币值、铸地等信息。

　　明洪武元年（1368年），朱元璋称帝，始铸洪武通宝钱，其制五等：当十、当五、当三、当二、当一。当十钱重一两，余递降至一钱止。洪武四年（1371年）改铸洪武通宝大钱为小钱。洪武二十二年（1389年），更改样式，钱背标注纪重文字。

◆ 朱元璋铸权一组

> 这组"龙凤十一年 应天府造"铭文铜权和"洪武 应天府"铭文铁权，分别铸造于明王朝建立前后，见证了朱元璋从隶属龙凤政权到建立大一统明王朝的历程，是龙凤政权与洪武政权更替的实物见证。

"龙凤十一年 应天府造"铭文铜权
Bronze Bobweight with Inscription of "Made by Yingtian Prefecture in the Eleventh Year of the Longfeng Era"

龙凤十一年（1365 年）
高 5.7、腹最宽 2.6、底长 2.5、底宽 1.7 厘米

　　呈六面体形，上有阳刻铭文，一面为"龙凤十一年"，一面为"应天府造"。从铭文可知此铜权铸于龙凤十一年（1365 年），此时朱元璋尚从属于元末小明王韩林儿政权。这件铜权印证了当时朱元璋虽隶属龙凤政权，但已称其根据地为"应天府"，展现了朱元璋的政治野心，也是证明龙凤政权时期南京即有"应天府"之称的实物资料。

"洪武 应天府"铭文铁权
Iron Bobweight with Inscription of "Yingtian Prefecture in the
Hongwu Era"

明（1368—1644 年）

高 9.5、腹最宽 5.3、底长 6、底宽 4.5 厘米

　　鼓腹，束腰，底面为六边形。上有阳刻铭文，一面为"洪武"，
一面为"应天府"，是朱元璋建元洪武后铸造的铁权。元至正
十六年（1356 年），朱元璋带兵攻破集庆路（今江苏南京），
同年将集庆路改称为应天府。至正二十八年（1368 年），朱元璋
在应天府称帝，国号大明，年号洪武。此件铁权铸造于明代初年，
对研究明初金属冶炼、度量衡制度、社会经济具有重要价值。

▶ 筑城思想

　　南京城墙的形态规划、皇宫和官署的位置布局，结合了自然地理、原有城市布局，以及象天法地、风水堪舆、礼法制度等因素，形成了明代南京城的基本格局。

　　明太祖朱元璋效仿天象，将中央司法机构刑部、都察院、大理寺集中置于南京太平门外，并以城墙环绕，形成独具特色的"贯城"。明代南京贯城作为天人感应思想在城市规划中的实际体现，是中国古代城市史上较为独特的一例，具有特殊意义，并对明代北京中央官署营建选址产生了直接影响。

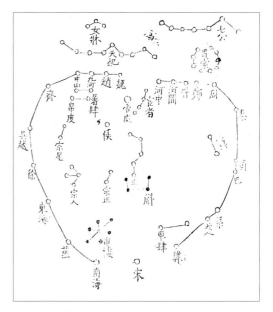

明《天文略》中的贯索星

明《南京刑部志·坤仪图》中的"贯城"

石日晷（残件）

└─ Stone Sundial (Remnant) ─────────────

明（1368—1644 年）

残长 30、残宽 23、厚 8 厘米

南京博物院藏

日晷是古代利用太阳光影计时的重要工具，"晷"即太阳光影。日晷一般分为晷针和晷面两部分，晷针垂直穿入晷面中心，晷面由内而外，第一环环刻"甲、乙、巽、丙、丁、坤、庚、辛、乾、壬、癸、艮"，分别代表十二方位；第二环环刻"子、丑、寅、卯、辰、巳、午、未、申、酉、戌、亥"，代表十二时辰；第三环"初、正"相交替，表示每一个时辰又等分为时初、时正，一日共二十四小时。

澄泥质水罗盘
Filtered-mud Water Compass

明（1368—1644 年）

长 6.7、宽 3.2、厚 1 厘米

　　罗盘正面上部刻有天干地支，下部为二十四节气。罗盘背面刻有"安置规法"，详细说明使用方法。澄泥细腻光滑，不易变形开裂，且耐酸碱盐腐蚀，从外表上看，似瓷似石，坚固异常。

　　古代航海罗盘分为水罗盘与旱罗盘。水罗盘的原理即"水浮法"，罗盘上部中央为一圆孔，用以储水，水上置一磁针，使其漂浮水上，圆孔外侧环绕同心圆，并分格刻写天干地支、八卦方位。

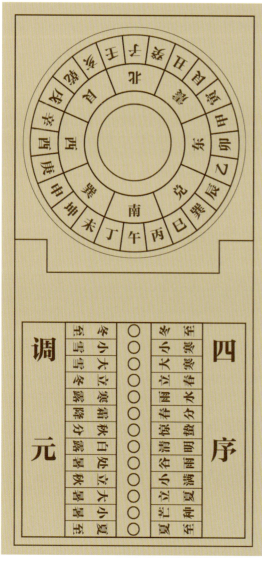

正面示意图

安　置　规　法

此规临照将面上十二时针以

竖起开下表对节气又以

指南针定子午坐向日影自

射时甲子初春汪龙生

造于沪上云□馆

反面示意图

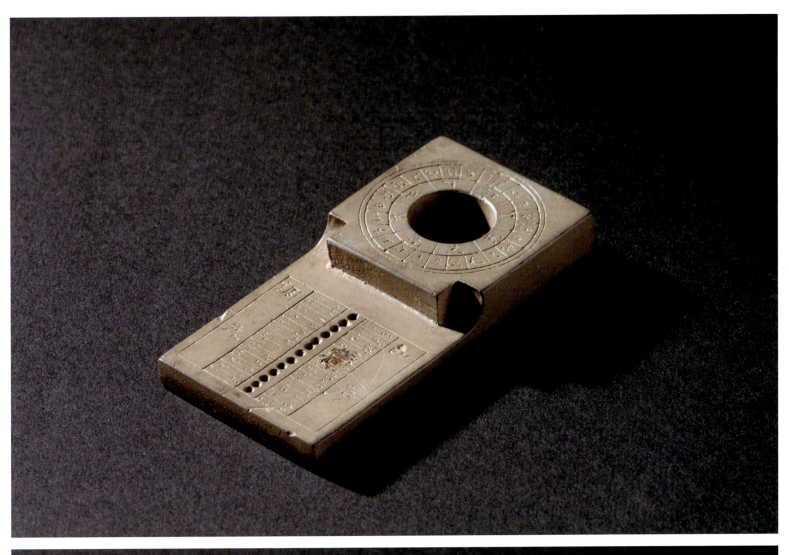

明《天工开物》之《泥造砖坯》（局部）

第二单元

一砖一石　众志成城

　　明代是中国古代筑城活动的一个高潮，南京城墙的营建正是其潮头。在建筑方式选择、城墙地基处理、城砖烧制工艺、墙体砌筑技术上，南京城墙都展现了中国古代城墙建造技术的最高水准，堪称中国古代筑城技术的集大成之作。

　　元至正二十六年（1366 年）八月，朱元璋下达"筑城令"，大量城砖、石材、木材等建材从各地源源不断运抵南京。山堆海积，汇集京师，一砖一石，聚土成垣，最终成就了这座"高坚甲于海内"的南京城墙。

城 砖

　　南京城墙所用城砖，又称官砖、营造砖、税粮城砖，是明初南京城墙建造工程中数量最大的建材。当时朝廷命令长江中下游各府、州、县均设砖窑，烧制城砖。据初步估算，城墙营造中使用城砖数量达上亿块。这些城砖的质量要求很高，是明初制砖技术的代表。

　　南京城墙砖上保存有大量砖文，包含南京城砖的产地和造砖单位、为确保城砖烧造质量而制定的独特的责任制、明初农村劳役组织的变化过程，以及中国姓氏文化、民间书法和篆刻艺术等重要历史文化信息。这些信息多不见于典籍，使南京城墙成为一座珍贵的露天明初史料库。

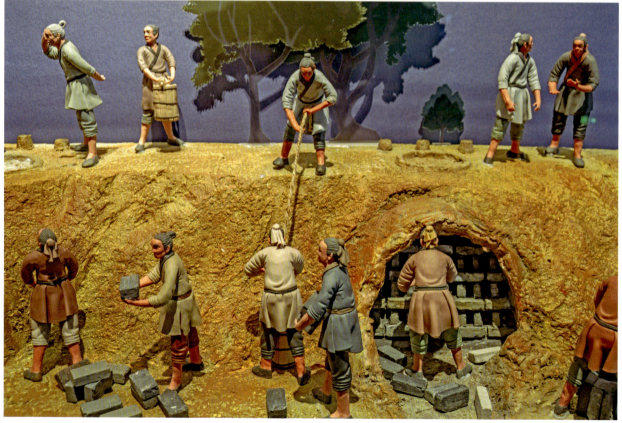

造砖场景模型

➤ 造砖地点

　　南京城墙砖的烧造是一项举全国之力完成的浩大工程，因沿江取水、运输方便，城砖生产集中于长江中下游的明直隶地区、湖广行省和江西行省，范围相当于今天的江苏、安徽、湖北、湖南、江西五省。

江 苏

"应天府 上元县"铭文城砖

City Wall Brick with Inscription of "Shangyuan County, Yingtian Prefecture"

明（1368—1644 年）

长 42.5、宽 20.5、厚 12 厘米

　　呈长方体。一侧刻砖文"应天府提调官府丞王恪令史吴□□ 上元县提调官县丞李健司吏方原吉"，另一侧刻砖文"总甲方有余甲首天界寺小甲尹添俊 造砖人户尹添俊天界寺窑匠陈智奎"，为模印阳文。

　　由铭文中的"应天府上元县"（今江苏南京）可知，这是一块在南京本地烧造的城砖。由砖文中的"天界寺"信息可知，此城砖为天界寺负责烧造。天界寺本为元末时期南京首刹大龙翔集庆寺。朱元璋攻克集庆后，改名为大天界寺。明初天界寺"栋宇之丽甲天下"，掌管天下佛僧之事。洪武二十一年（1388 年）二月，天界寺毁于火，迁聚宝门外凤山重建。明初，天界寺获皇家赏赐田地，依据"计亩出夫"的政策，也需要参与南京城墙城砖烧造工程。

至正通宝
"Zhizheng Tongbao" Coin

元（1271—1368 年）
直径 4、穿边长 1 厘米
南京市栖霞区官窑村砖窑遗址出土
南京市考古研究院藏

　　青铜质。圆形，中间有方孔，钱文"至正通宝"，楷书，对读，币背有"□三"字样。

　　至正通宝铸造于元至正年间（1341—1368 年），有小平、折二、折三、折五、折十等多种面额，与纸币"至正交钞"同时流通于市面。钱币背面字样可分为三类：地支纪年（蒙文"寅、卯、辰、巳、午"，分别为至正十年至十四年铸造）、天干纪年（蒙文或蒙汉两种文字）、纪值纪重。

南京市栖霞区官窑村砖窑遗址分布示意图

　　官窑村砖窑遗址，经考古发现窑址多达 110 余座，主要分布于工农路以东的官窑山及其附近地区。该窑址为明初应天府上元县烧造砖瓦的官置窑场，主要烧制南京明城墙所用城砖，是南京城墙砖官窑成熟期的代表。窑内发现多块有"应天府提调官""上元县提调官"铭文的城砖。

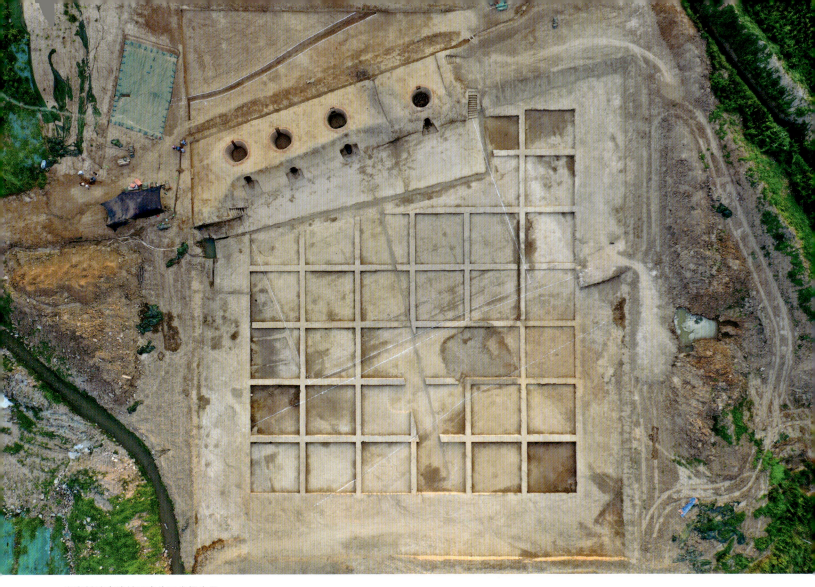

官窑村砖窑遗址西南片区发掘全景

官窑村砖窑遗址中部片区发掘全景

官窑村 22 号砖窑遗址

"太平府 繁昌县" 铭文城砖

City Wall Brick with Inscription of "Fanchang County, Taiping Prefecture"

明（1368—1644 年）

长 41、宽 21、厚 12 厘米

　　呈长方体。一侧铭文"太平府提调官照磨钱仁司吏施祥 繁昌县提调官主簿刘权 司吏何泽"，另一侧铭文"总甲桂友富甲首关良夫小甲蓝华五 窑匠鲍宁官 造砖人 夫孙兴祖"，为模印阳文。

繁昌縣志書　卷之五　食貨志　田賦　二十二

豎五毫加一耗銀二十九兩四錢一釐起解潘庫箱隸江北各營不足兵餉
玉臉豎四十六頃七十畝八分六釐五毫（每畝科徵銀五分）租銀二百三十
三兩五錢四分三釐二毫
臒臒豎七頃九十五畝五分（每畝科徵銀四分五釐）租銀三十五兩七錢九
分七畝五毫
六戶豎六頃一十六畝七分九釐三毫（每畝科徵銀四分）租銀二十四兩六
錢七分一釐七毫（俱保倘曰　辨納）

窑山租銀二十三兩二錢三分五釐加一耗銀二兩三錢二分四釐

此項官租舊出於劉氏先是明初定鼎建造金陵城命宛平主簿劉賡製砖窑於繁邑廣营慕度地肝於陳冲埠迟龍磯廣亡復命子權䌹廣職父子繼美曲體民情地脉墳茔必加保護工既竣即以陳冲等處田土賜權及子孫此項官租所以在正編外也權子倘明倘義因賜地當舊縣下闿捐費建庵以培風水

合邑高其義謂劉賡籍於繁今雖後世式微土田星散而前人舊籍終不可忘

並以識此項官租其由來有自也（舊志）

以上共超解正銀一千二百三十三兩四錢八分四釐五毫加耗銀六十六兩四錢四分七釐（閏年加徵九兩三錢四分八釐）

銅陵縣協解
魚課正銀三兩六錢一分四釐
黃蘇正銀三十七兩三錢一分六釐
魚線歷正銀四兩二錢六釐（以上三欵閏年加徵）

窑稅
典稅每典定例該徵稅銀五兩耗銀五錢增缺不一無定額（按本邑現在城鄉三十典每稅加一耗銀一百五十兩加一耗銀十五兩）

牙帖稅徵銀四十一兩三錢加一耗銀四兩一錢三分田房契稅每契價銀一兩

《繁昌县志》中关于刘赓、刘权父子在繁昌设窑烧砖的记载

太平府繁昌县，现为安徽省芜湖市繁昌区。繁昌制瓷造砖历史悠久，技艺高超，明初为南京城墙烧造了大量城砖。1998—1999年，在新港、新淮两地发现明代城砖窑址近30座。其中，在新港镇荷圩村砖窑内发现的城砖，砖文与南京城墙上发现的城砖砖文完全一致。

据《繁昌县志》记载，宛平主簿刘赓受命在繁昌县设窑烧砖。刘赓去世后，其子刘权继承父业。父子二人在当地负责烧砖时，体恤民情，避开地脉坟茔，深受百姓爱戴。造砖任务完成后，朝廷将土地赐予刘权及其子孙后代，以示嘉奖。

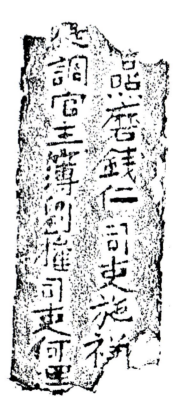

安徽省芜湖市繁昌区新港镇砖窑遗址发现的残砖铭文拓片

"武昌府 江夏县"铭文城砖

City Wall Brick with Inscription of "Jiangxia County, Wuchang Prefecture"

明(1368—1644 年)

长 45.5、宽 22.5、厚 13.5 厘米

　　呈长方体,砖体三角缺损。一侧铭文"武昌府提调官通判张勘司吏徐用 江夏县提调官主簿王原泰司吏夏玉",另一侧铭文"总甲杨潮英甲首孙贵杰小甲王德 窑匠罗七造砖人夫付文通",为模印阳文。

　　武昌府江夏县,现为湖北省武汉市江夏区。1990 年起,考古工作者在武汉市江夏区陆续发现多处明代砖窑遗址。

武汉市江夏区法泗镇沿河村锁石凹砖窑遗址

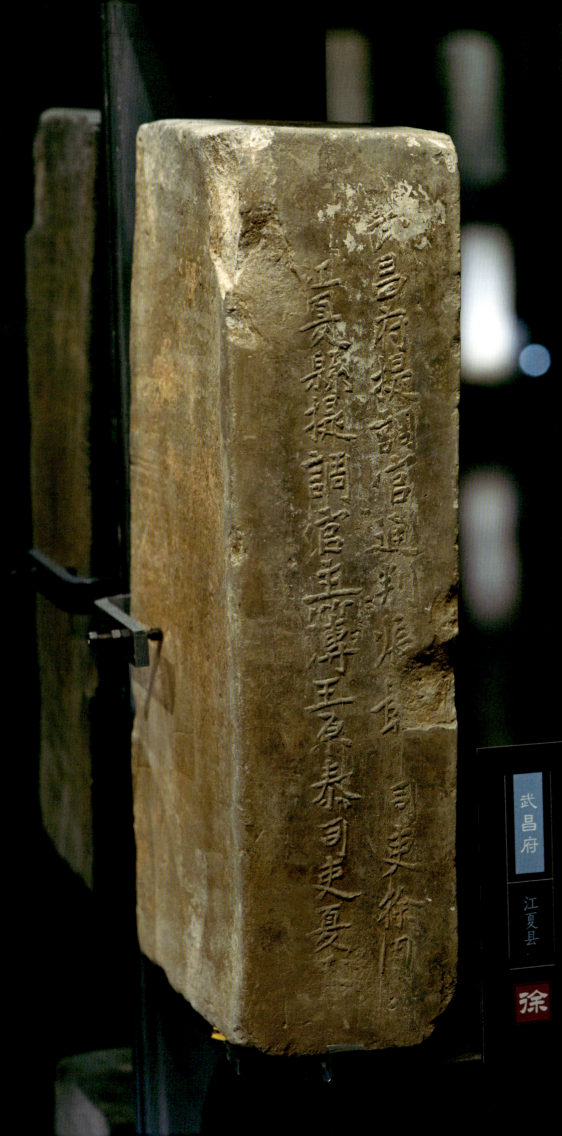

武昌府

江夏县

徐

"岳州"铭文城砖

City Wall Brick with Inscription of "Yuezhou"

明（1368—1644 年）

长 46、宽 21.5、厚 12 厘米

　　呈长方体。一侧铭文"岳州提调官同知皇甫从龙 司吏荣忠"，另一侧铭文"总甲石继先甲首金受七小甲殷受兴 窑匠李保二造砖人夫杨万八"，为模印双线刻阴文。双线刻是中国古代传统的雕刻技法，具有十分重要的美术工艺价值，其线条细腻美观，但对砖泥要求很高。

　　岳州，现为湖南省岳阳市。明洪武二年（1369 年），岳州路改为岳州府，洪武九年（1376 年）降为州，洪武十四年（1381 年）复为府，隶湖广布政使司。

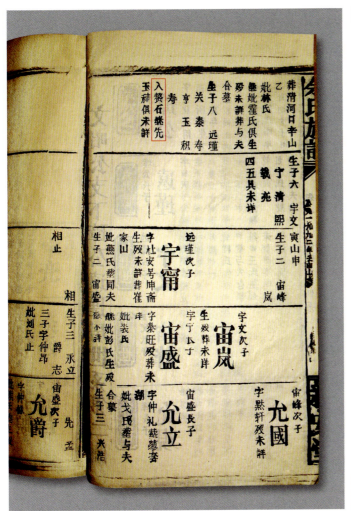

《余氏族谱》中关于石继先的记载

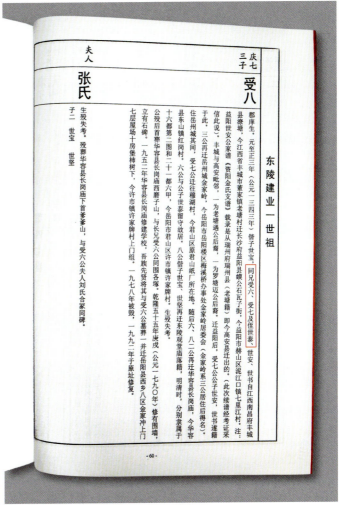

《金氏族谱》中关于金受七的记载

此砖上的两个基层管理人员"石继先"和"金受七",都有事迹流传至今。

石继先,岳州许市镇人,被任命为总甲负责烧造城砖。根据《岳阳市君山区志》记载,在许市金鸡垄两侧的横挡湖和白浪湖岸边建青水窑99座,烧制大青砖,就地装船,经采桑湖,出三江口,顺长江而下至南京。为表彰石继先的功绩,他谢世后,官府将其出生地赐名石继先,以示永久纪念。在岳阳市君山区金鸡垄砖窑遗址附近有石继先村,当地烧造的民用砖上有"石继先"砖文,附近还发现一座以"石继先"命名的明代古井。石继先无子,有三个女儿。当地《余氏族谱》记录了余氏先祖入赘石继先家一事。

金受七,随家族自江西南昌府迁居到岳州。当地金氏一族至今保存有《金氏族谱》,记录下金受七及其家族迁居到岳州的经过。"元末,(金受八)偕子世宝、世坚同兄受七、受六及侄世安、世书,自江西南昌府丰城县潦塘迁益阳瓦祖街……三公再迁岳阳城金家岭。七公独迁穆湖村。"这些文献记载与城砖铭文上的信息互相印证,体现出砖文作为明初历史资料库的重要价值。

今石继先村中发现的印有"石继先"砖文的民用砖

◆ 黎川砖窑遗址

江西省黎川县明代砖窑遗址是长江中下游地区迄今为止发现的规模最大、保存最完好的南京城墙砖官窑遗址，也是明初南京城墙砖官窑遗址的代表。2016年，由于上游洪门水库溢洪道改造，黎滩河水位骤降，原被淹没在水中的黎川砖窑遗址得以显露。经初步调查，遗址绵延黎滩河河岸坡地5千米，共发现窑址115座，砖窑基本为小型馒头窑，利用河岸自然坡度，在黎滩河两岸有规律地分布。

该遗址保存了丰富的遗迹、遗物，包括砖坯堆放地、古道路、港口遗址，以及烧制城砖使用的铁叉、"新城县"铭文城砖等，展现了较为完整的南京城墙砖烧造及供应链体系。

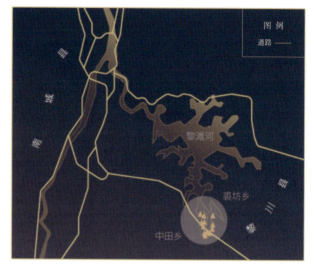

江西省抚州市黎川县砖窑遗址分布示意图

沿黎滩河分布的砖窑

中田乡公村 Y12 ~ Y15 窑址

Y6 窑址

Y12 窑址

黎川砖窑
Lichuan Brick Kiln

明（1368—1644年）

高2.5、长3.8、宽3.2米

江西省抚州市黎川县日峰镇八都村出土

　　此窑炉由窑门、火膛、窑室、烟囱四部分组成，因外形呈馒头形，俗称"馒头窑"，亦名"圆窑""罐子窑"。窑室平面呈椭圆形，窑顶呈穹隆顶，窑室内宽1.9、进深1.7米，窑壁厚约25厘米，顶部有火烧烟熏痕迹。窑室前部有火膛，底部低于窑室，残损较为严重。窑室后壁平直，设有三个等距的竖直方形烟孔，上与窑顶三个烟囱相连，烟囱为圆柱形，直径21～27、残高66厘米。窑室顶部残存小孔，直径4厘米左右，疑似观察孔或注水孔。此座窑炉是黎川砖窑遗址中具有代表性的一座。

　　黎川砖窑多分布于河岸两侧山坡上，临河的地理位置既方便制砖取水，又便于城砖运输。窑炉主体原就地置于山坡中，利用坡体以耐火泥搭建。由于长期高温焙烤，靠近窑壁部分的山体多呈紫红色，土质坚硬。窑炉内发现大量带有"建昌府""新城县"铭文的城砖。

黎川砖窑窑室后壁烟道示意图

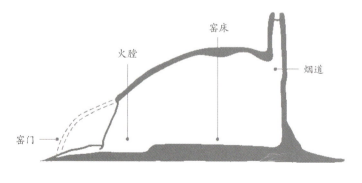

黎川砖窑窑炉结构示意图

中田乡公村砖坯堆放地遗址

黎川砖窑遗址的砖坯堆放地位于黎滩河公村附近，遗址范围南北长约 50、东西宽约 36 米，总面积约 1800 平方米。依河岸开阔的坡地分布，随岸边坡地自然坡度排列，共有四片堆放区，各堆放区之间间隔 10～20 米，砖坯的摆放方式为一排竖放，一排横放，形成四竖排、三横排穿插摆放的布局，以便进行砖坯制作、搬运等工作。推测砖坯制作完成后，经晾晒，再由人工搬运或搭乘船只运往临河而建的各砖窑入炉烧造。

"建昌府 新城县"铭文城砖

City Wall Brick with Inscription of "Xincheng County, Jianchang Prefecture"

明（1368—1644 年）

长 42、宽 22、厚 13 厘米

呈长方体，属于南京城墙砖中尺寸较大的一块，一角有缺损。城砖一端有铭文"建昌府"，另一端为"新城县"，均为横排，模印阳文。

建昌府新城县，现为江西省抚州市黎川县。2017 年，南京城墙保护管理中心在黎川县考察砖窑遗址群时，发现了与馆藏"建昌府 新城县"砖铭文相同的城砖，证明黎川县在明洪武年间曾为南京城墙烧造大量城砖。

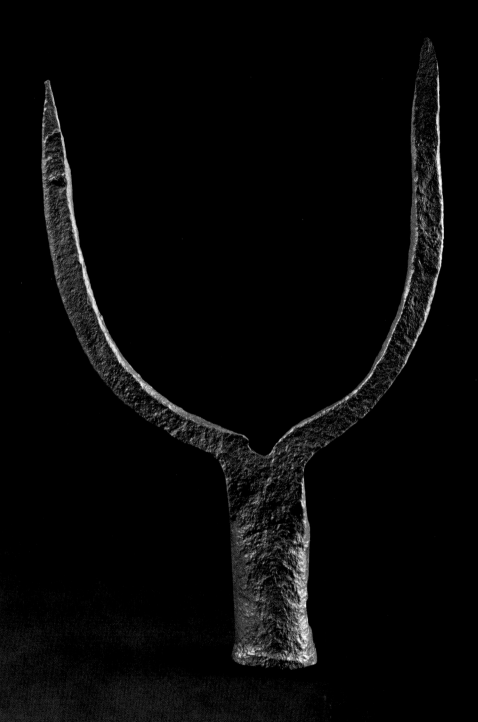

铁　叉
└── Iron Fork ────────────────────

明（1368—1644 年）

长 21、宽 13.5 厘米

江西省抚州市黎川砖窑遗址第 13 号窑址旁发现

　　铁叉带两尖，尖头较扁，推测为明初烧制城砖时的辅助工具。

军队造砖

　　朱元璋定都应天后，军队承担了繁重的劳役，包括烧砖、建造城墙等。洪武十七年（1384年）正月，朝廷下令民间停止烧砖，由军队继续承担烧砖的任务。

　　常见的军队名称砖文有"金吾卫""飞熊卫中所""广洋前所""水军右卫中所""豹中"等。

"广洋前所" 铭文城砖

City Wall Brick with Inscription of "Guangyang Guards Division (Front)"

明洪武七年（1374年）

长 41.5、宽 20.5、厚 10.5 厘米

　　呈长方体。端头有铭文"广洋前所"，侧面铭文"洪武七年造"，均为横排，模印阳文。

　　由铭文可以看出，此砖由明代广洋卫烧制。明初京城设留守中卫、神策卫、广洋卫、应天卫、和阳卫、牧马千户所，永乐（1403—1424年）后改广洋卫隶中军都督府。此砖是明初军队参与烧制城砖的实证。

"江阴卫右"铭文城砖

City Wall Brick with Inscription of "Jiangyin Guards Division(Right)"

明（1368—1644 年）

残长 26、宽 19、厚 12 厘米

　　呈长方体，残存一半。端头有铭文"江阴卫右"，竖排，为戳印阴文。

　　卫所制度为明朝最主要的军事制度，明太祖创立，其构想来自隋唐时期
的府兵制。明代自京师达于郡县，皆设立卫、所，外统于都司，内统于五
军都督府。都指挥使司下辖若干个卫，卫下辖一定数量的千户所和百户所，
一般每卫设左、右、中、前、后五个千户所。此砖铭文显示其为江阴卫右
所烧制的城砖，江阴卫为明代五军都督府中的后军都督府所领。

"元年 幕一号" 铭文城砖
City Wall Brick with Inscription of "Mu No.1 of the First Year"

明洪武元年（1368年）

长36、宽18、厚9厘米

　　呈长方体，尺寸较小。铭文"元年"位于端头左侧，竖排，即洪武元年，"幕一号"位于同一端头右侧，横排，均为模印阳文。

　　洪武元年，明太祖朱元璋新政权刚刚建立，还无法大规模组织民夫为南京烧造城砖。因此军队卫所承担了大量城砖烧造的任务。"幕一号"是字号式铭文，南京城墙和凤阳明中都城墙上有许多类似砖文，如"石城七号""太平二号""幕府三号"等，都与当时

的城门名有关。"幕"推测为"幕府"，该城砖可能为幕府门守备军队烧造。

　　另外，该城砖铭文为反书，推测为模具雕刻错误所致。错版现象在南京城墙砖文中时有发现，却也留下了南京城墙砖文印制过程的记录。

◆ **城门千户所**

明初，设留守诸卫所辖南京各城门千户所，担负烧制城砖任务，在南京城墙
上留下了一系列与城门有关的砖文。

"宝二"铭文城砖
City Wall Brick with Inscription of "Bao No.2"

明（1368—1644 年）
残长 27、宽 18、厚 9 厘米

呈长方体，残缺。端头有铭文"宝二"，竖排，为模印阳文。该砖推
测为聚宝门所设千户所烧造。

"宝六号"铭文城砖
City Wall Brick with Inscription of "Bao No.6"

明（1368—1644 年）

长 37、宽 19、厚 9 厘米

　　呈长方体，基本完整。端头有铭文"宝六号"，横排，为模印阳文。该砖推测为聚宝门所设千户所烧造。

"石城"铭文城砖
City Wall Brick with Inscription of "Shi Cheng"

明（1368—1644 年）

残长 20、宽 18、厚 9 厘米

　　呈长方体，残缺。端头有铭文"石城□□"，竖排，为模印阳文，其中"石城"二字为反书。该砖推测为石城门所设千户所烧造。

"太平二号"铭文城砖

City Wall Brick with Inscription of "Taiping No.2"

明（1368—1644 年）

残长 32、宽 20、厚 11 厘米

　　呈长方体，残缺。端头有铭文"太平二号"，横排，为模印阳文。该砖推测为太平门所设千户所烧造。

工部造砖

明代朝廷设吏、户、礼、工、刑、兵六部，其中工部及属下的将作司、总部等机构负责掌管都城营造，参与城砖的烧制工作，以及造砖工匠的组织、调配、管理等工作。

常见的工部砖文有"工部关防""工部正中""工部前窑""官前窑""正前""正右窑"等。

"工部"铭文城砖

City Wall Brick with Inscription of "The Ministry of Works"

明（1368—1644 年）

长 34、宽 16、厚 7.5 厘米

呈长方体，尺寸较小。端头有铭文"工部"，竖排，为模印阳文，铭文为反书，推测为印制时模具刻印错误所致。

"南京工部关□"铭文城砖（残件）

City Wall Brick with Inscription of "Official Seal of the Ministry of Works (Nanjing) □ "(Remnant)

明（1368—1644 年）

长 38、宽 18、厚 9 厘米

    呈长方体，尺寸较小，端头有部分缺损。铭文"南京工部关□"位于端头，竖排，为戳印阳文，有外框，字体工整美观，缺损字参考其他同类型城砖推测为"防"字。

    "关防"为官印的一种，多为长方形。明初，各布政司与六部常以预印的空白印纸作弊，明太祖发觉后，改用半印，以便拼合验对，取其"关防严密"之意，故名"关防"。其后不作勘合之用，而形制未变，用以颁给临时设置之官。

"官前窑"铭文城砖　　　　　　　"官中窑"铭文城砖　　　　　　　"官后窑"铭文城砖

"官窑"铭文城砖一组

City Wall Bricks with Inscription of "Official Kiln"

明（1368—1644 年）

三件

"官前窑"铭文城砖：长 36、宽 18.5、厚 9 厘米

"官中窑"铭文城砖：长 36、宽 17.5、厚 8.5 厘米

"官后窑"铭文城砖：长 36、宽 19、厚 9 厘米

均为长方体，尺寸较小。城砖一侧分别居中刻有"官前窑""官中窑""官后窑"，为模印阳文，字体工整端庄。

铭文中的"官"体现了这三块城砖为明代官方烧制，主要由工部负责。"前""中""后"为烧造城砖窑址的方位或名称。南京城墙砖中有少许标明砖窑方位或名称的城砖，一般独立出现，模印或戳印在城砖的侧面或顶面。这三块城砖制式统一，铭文字体和模印方式统一成套，美观大气，具有很高的艺术和观赏价值。

城砖运输

南京城墙营建用材量巨大，为了节省运输成本，各项建材主要通过水路运输。城砖运输路线，以长江中下游河流为主干，辐射到相连的河道、湖泊。因此，明初多由分布在长江中下游水系的府、州、县负责烧造城砖，窑址也多设在临江、临河的坡地，便于利用水路将城砖运往南京。

"袁州府宜春县"铭文城砖

City Wall Brick with Inscription of "Yichun County,
Yuanzhou Prefecture"

明洪武十年（1377 年）
长 41、宽 20、厚 11 厘米

呈长方体，米白色。一侧铭文"袁州府宜春县提调官主簿高亨司吏陈廷玉 烧砖人杨信人户刘福 洪武十年 月 日"，为戳印阳文，字体秀丽工整。袁州府宜春县，现为江西省宜春市。

此城砖正面留有墨书砖文"留守中卫常州府无锡县□长江段砖壹千伍伯（佰）个"，是对城砖运输与验收的记录，同时也表明这批城砖是通过长江水系运送至南京的。

"洪武元年"铭文城砖
City Wall Brick with Inscription of "The
First Year of the Hongwu Era"

明洪武元年（1368 年）

长 39、宽 19、厚 10 厘米

呈长方体。一侧有铭文"洪武元年造"，两端分别有铭文"湖广行省""黄州府麻城县"，两端铭文横排，均为模印阳文。该砖为纪年砖，为洪武元年烧造而成，产地为今湖北省麻城市。

纪年砖一般出现在洪武早期，常见有洪武元年、洪武四年、洪武七年、洪武十年等。"洪武元年"的纪年信息在南京城墙砖文中较为罕见，因此这块城砖十分珍贵。

"洪武七年"八思巴蒙文铭文城砖

City Wall Brick with Mongolian Inscription of "The Seventh Year of the Hongwu Era" in Phags-pa Script

明洪武七年（1374年）

长 41、宽 20、厚 13 厘米

　　呈长方体，砖体略有缺损。一侧铭文"荆州府石首县提调官曹仲文司吏高应□□作匠□二"，另一侧铭文"洪武七年八月 日"，端面刻有一枚八思巴文戳印，均为戳印阳文。

　　荆州府石首县，现为湖北省石首市。八思巴文是元代忽必烈时期由国师八思巴创造的蒙文。该砖八思巴文戳印内容目前还是一个谜。

"洪武十年" 铭文城砖

City Wall Brick with Inscription of "The Tenth Year of the Hongwu Era"

明洪武十年（1377 年）

长 41、宽 20、厚 11 厘米

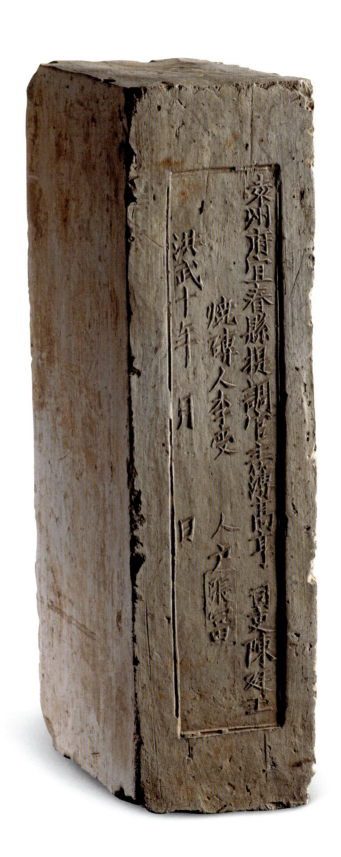

呈长方体。一侧有铭文"袁州府宜春县提调官主簿高亨司吏陈廷玉 烧砖人李受人户张富 洪武十年月日"，为戳印阳文，其中"张富"为单独戳印而成。

洪武十年（1377 年）以后，带有"总甲甲首小甲"的城砖铭文责任制逐渐完善，此后直到南京城墙建成，一般不再使用纪年砖。

"万历拾年"铭文城砖（残件）
City Wall Brick with Inscription of "The Tenth Year of the Wanli Era"(Remnant)

明万历十年（1582 年）
残长 25、宽 21、厚 10 厘米

　　此砖残存约三分之二，另一端头也
有部分缺损。一侧有砖文"□前万历拾
年新造"，为戳印阳文。

　　明代朝廷十分强调以备战护城为目
的的日常性维修，一般由工部和应天府
两个部门负责。明代南京城墙的维修，
以聚宝门及其附近的城垣最为频繁，因
该地为城墙守备最为重要之处。根据史
料记载，明嘉靖和万历年间，南京宫城、
皇城所属相关建筑的修缮引起了朝野两
次关注。这块城砖铭文反映了万历十年
（1582 年）朝廷新造了一批城砖用于修
缮维护城墙，是明代南京城墙后期维护
修建的重要佐证实物。

"光绪壬辰年" 铭文城砖

City Wall Brick with Inscription of "The Renchen Year of the Guangxu Era"

清光绪十八年（1892 年）

长 40、宽 20、厚 11 厘米

  呈长方体。一侧刻铭文"光绪壬辰年中协刘监制"，为戳印阳文；端头刻一"王"字，为模印阳文。

  清代是中国古代攻城器械发展、转型的重要时期，此时南京城墙作为江宁府的城墙，防御功能尚存，故清代朝廷对因战火或自然原因毁圮的城墙，也时有修缮之举。其中较大规模的修缮主要集中于乾隆、同治和光绪年间。这块城砖铭文显示的"光绪壬辰年"即 1892 年，此时江宁府城在太平天国时期遭到损坏，因此光绪年间对城墙和城楼进行了大规模的修复，该纪年砖即为光绪年间大规模修复城墙时所烧造的城砖。

► 造砖管理

南京城墙是明代的都城城墙，为保证所用城砖的质量，城砖烧造实行严格的管理制度，其典型的反映就是城砖铭文中逐步发展成熟的责任制。此外，明代的徭役制度、行政组织、官员体系等，均通过砖文记录在了城墙这一露天"史书"之中。

◆ 责任制

烧造南京城墙砖时，参与造砖的各级工作人员，上至府州县各级官员，下至造砖管理劳役组织人员与烧造工匠，其职务和姓名都印于城砖上。责任制发展至成熟期后，自府一级官员到具体的造砖工匠，一般包含九级，最多可达十一级。

这种精确到人的责任制度，有效加强了制砖工序的管理和监督，确保了城砖的质量，在中国建筑史上独具特色。

"袁州府萍乡县" 铭文城砖

City Wall Brick with Inscription of "Pingxiang
County, Yuanzhou Prefecture"

明（1368—1644 年）

长 41、宽 20、厚 10 厘米

　　呈长方体，米白色，质地疏松，杂质较多。正面有铭文"袁州府萍乡县造"，为戳印阴文。袁州府萍乡县，现为江西省萍乡市。

　　在责任制发展的早期，砖文仅有地名、纪年等信息，这块城砖铭文信息简略，仅记录造砖地，属于早期责任制砖。

"常州府无锡县"铭文城砖

City Wall Brick with Inscription of "Wuxi County, Changzhou Prefecture"

明洪武七年（1374 年）

长 44、宽 22、厚 12.5 厘米

　　呈长方体。砖文位于两个端面，一面铭文"常州府无锡县 提调官县丞贾从□"，另一面铭文"司吏朱原作匠章裕 洪武七年 月 日"，均为竖排，戳印阳文。正面砖文缺一字，根据与其他城砖对比，当为"贾从善"。无锡县在明清时期隶属于常州府，1983 年划归无锡市管辖，这块城砖反映了明代无锡县属常州府管辖的史实。

　　责任制发展至中期，砖文信息逐渐丰富起来。这块城砖的铭文已有提调官、司吏、作匠等官员和造砖人信息，属于中期责任制砖。铭文中有明确的造砖时间"洪武七年"（1374 年），可见洪武七年砖文责任制尚未完备。

"黄州府 黄冈县"铭文城砖
City Wall Brick with Inscription of "Huanggang
County, Huangzhou Prefecture"

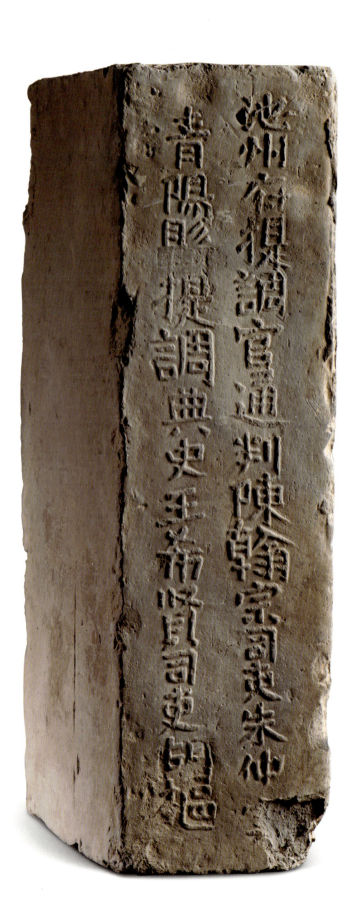

"池州府 青阳县"铭文城砖

City Wall Brick with Inscription of "Qingyang County, Chizhou Prefecture"

明（1368—1644 年）

长 43.5、宽 21.5、厚 13 厘米

　　呈长方体，砖体侧面缺损。一侧铭文"池州府提调官通判陈翰宗司吏朱仲实 青阳县提调典史王希贤司吏胡枢"，另一侧铭文"总甲胡伯高甲首沈德济小甲曹德仁 窑匠谢妹造砖人夫徐逊轻"，为模印阳文。池州府青阳县，现为安徽省池州市青阳县，地处长江中下游南岸，位于佛教圣地九华山下。

　　砖文发展至成熟期，参与造砖的各级工作人员，其职务和姓名都印于城砖上，一般为九级，最多可达十一级。此砖砖文信息完整，责任人多达九级，包括府级官员信息，以及完善的"甲"一级人员和工匠信息，属于成熟期责任制砖。从这块城砖上可知，"总甲""甲首""小甲"三级责任人都参与了城砖烧造。

"黄州府 蕲州 蕲水县" 铭文城砖

City Wall Brick with Inscription of "Qishui County, Qizhou, Huangzhou Prefecture"

明（1368—1644 年）

长 45、宽 23、厚 12 厘米

　　呈长方体。一侧铭文"黄州府提调官同知曹振祖司吏黄玑 蕲州提调官判官马彝司吏倪琦 蕲水县提调官主簿夏时中司吏谢原",另一侧铭文"总甲李谷云甲首叶邦泰小甲徐贵 窑匠黄益 造砖人夫何兴",为模印阳文。砖文上有十一级责任者的姓名,是目前发现的城砖中层级最多的,属于成熟期责任制砖。

　　黄州府蕲州蕲水县,现为湖北省黄冈市浠水县。元末农民起义军徐寿辉曾立都于蕲水县治东北清泉寺。明洪武九年(1376年),降蕲州府为州。洪武十一年(1378年),蕲州辖县蕲水、罗田划出蕲州,属黄州府,蕲州仅代辖广济、黄梅两县。这块城砖上的蕲水县属蕲州、黄州府,可知其烧造时间当为洪武九年至十一年之间。

"南康府 都昌县" 铭文城砖

City Wall Brick with Inscription of " Duchang County, Nankang
Prefecture"

明（1368—1644 年）

长 42、宽 21、厚 11.5 厘米

　　呈长方体。一侧铭文"南康府提调官通判赵斌司吏游清　都昌县提调官主簿房秉正司吏张伯行　总甲周民尚甲首刘付小甲刘宗礼　窑匠黄永造砖人夫余受"，为模印阳文，字体端庄大气，其中"刘""礼"二字为简化字。

　　南康府都昌县明代隶属于江西行省，为今江西省九江市都昌县。此砖铭文集中在一面，记录的责任人多达九人，属于成熟期责任制砖，每层级责任人开头降低一至两个字，以示层级差异。

◆ 均工夫

　　洪武初年推行的"均工夫"制度，是以田地多少为标准征调人员的徭役制度，又名"均土"。

　　"均工夫"为满足明初兴建都城的需要而制定，征派对象为南京周边府县的农民，主要从事修筑城墙、疏浚河道、建造宫殿等活动。

"新喻县"铭文城砖
City Wall Brick with Inscription of "Xinyu County"

明洪武四年（1371年）
长 39.5、宽 20.5、厚 10.5 厘米

　　呈长方体，砖体一角缺损。一侧刻铭文"新喻县四十一都 洪武四年均工夫造"，为模印阳文。

　　新喻县，现为江西省新余市。此砖有明确纪年"洪武四年"（1371年），属于早期责任制砖。

　　《康熙新喻县志》记载："钟山乡，在县西南……所辖三十九都、四十都、四十一都……"可知这块城砖由新喻县钟山乡四十一都负责烧造。

◆ 窑匠调拨

　　明初南京城墙的营建动用了大量人力。因城砖需求量大，对烧制城砖的窑匠的需求量也相应增大。大部分窑匠在本地服役，也有一部分窑匠被朝廷征调至外地服役。在城砖铭文中，留下了窑匠调拨的记录。

"宁国府 宁国县" 铭文城砖

City Wall Brick with Inscription of "Ningguo County, Ningguo Prefecture"

明（1368—1644 年）

长 43、宽 21、厚 13 厘米

呈长方体，砖体侧面缺损。一侧铭文"宁国府提调官同知阑善司吏李时中 宁国县□□□主簿安□□□□友仁"，另一侧铭文"总甲陈夔甲首江德胜小甲黄□曹 明州府窑匠严可祥 造砖人夫□金训"，为模印阳文。

明初，各地为南京城墙烧制城砖的窑匠，或在当地服役，或被朝廷征调至外地服役。根据铭文，此砖烧造地为宁国府宁国县，现属安徽省宁国市，参与造砖的窑匠则来自明州府（今浙江宁波）。可见当时未被安排造砖任务的明州府，也有窑匠被征调至宁国府服役，参与南京城墙砖烧造。

官　职	职　能
提调官	提调官属于非职官常设机构，由朝廷根据工役需要临时设置，并由相应职官负责其事，当工役项目结束后归籍。一般设有府、县两级。
委提调官	职责与相应的府、县各级提调官相同。
知府	府级最高行政长官，掌管一府的行政。正四品。
通判	知府的属官，分掌粮运及农田水利事务。正六品。
同知	知府或知州的佐官，主要分掌督粮、捕盗、海防、江防、水利等各项事务，分驻指定的地点。正五品。散州的同知，从六品。
经历	知府的属官，主管官署中的总务工作，收发上级、下级的公事文牍，随时接受知府交办的各项临时性事务。正八品。
知事	知府直属的中级事务官。正九品。
照磨	知府的属官，掌管卷宗、钱谷的属吏，负责审计工作。从九品。
府丞	又称"府承"，是府一级职官中的辅佐官。
司吏	简称"吏"，府（县）署中负责办理文书的普通官吏。
府吏	即府级司吏，以示与县级司吏的区别。
令史	府署中负责办理文书的普通官吏。
检校	知府的属官，是检查、校核公事文牍的低级官员。
知州	州级最高行政长官，掌管一州的行政。直隶州的知州，直属于布政使司，地位略低于知府，从四品；属州（散州）的知州，隶属于府，地位同于县，正七品。
判官	又称"州判"，是地方长官的僚属，佐理政事。从七品。
吏目	知州的属官，掌出纳文书，或分领州事。从九品。
权官	"权"表示暂时兼代。当正职官暂时不能充任时，则外加权官顶替。
典吏	又称"书吏"，散州或直隶州知州的属官，掌管文移的出纳。
典司	指某项事务的主持人，是府一级编制中的低级官员。
知县	一县之最高行政长官。正七品。
县丞	知县的佐官，协助知县管理县政，主管文书和仓狱。正八品。
主簿	知县的佐官，负责文书、簿籍和印鉴的管理。正九品。
监工	又称"监造官"，在烧制城砖过程中，负责监督烧制城砖质量的具体管理官员。
典史	知县的属官，协助知县处理刑狱。
里长	基层行政组织者，为明洪武十四年"里甲制"的雏形。根据里甲制，一百一十户为一里，从中推选出田多丁多的十户，轮流充当里长。
粮长	明朝征解田粮的基层半官职人员。凡纳粮一万石或数千石的地方划为一区，由官府指派大户充当粮长，督征和解运该区的田粮。
粮户	又称"田户"，是指有一定田产、需承担赋役和缴纳粮食的中小农户。
佃户	亦称钦拨佃户。佃户本为自行招募，故又称"募人"，为本无田产的贫户。
总甲	又称"总甲首"，是明代社会的重要职役名称之一，以田产多者充任，即为富户或地主担任。他们是明城砖烧制中的农村劳役组织管理者。
甲首	明城砖烧制中的农村劳役组织管理者，辖若干小甲。
小甲	又称"小甲首"，是城砖烧制中的农村劳役组织管理者，辖若干造砖人夫。
窑匠牌头	又称"窑匠作头""作头""窑匠甲首"，是窑厂生产的组织者、管理者和生产者。
窑匠	又称"造砖窑匠""作匠""民匠""匠人""造城砖工匠"，是烧制城砖的工匠。他们是确保明城砖烧制质量的关键技术群体，一般由当地窑匠充任。
坯匠	专门制作砖模和雕刻砖模文的工匠，具有木工的技艺。
造砖人夫	又称"造砖人""人夫""人户"，是直接参与征制城砖工役的百姓，参与取土、过筛、搅拌泥土、装坯、制印、晾干、装窑等诸项繁重的体力劳动。造砖人夫有时也由总甲、甲首、小甲担任。

"长沙府善化县"铭文城砖

City Wall Brick with Inscription of "Shanhua County, Changsha Prefecture"

明洪武七年（1374 年）

长 43、宽 22、厚 13 厘米

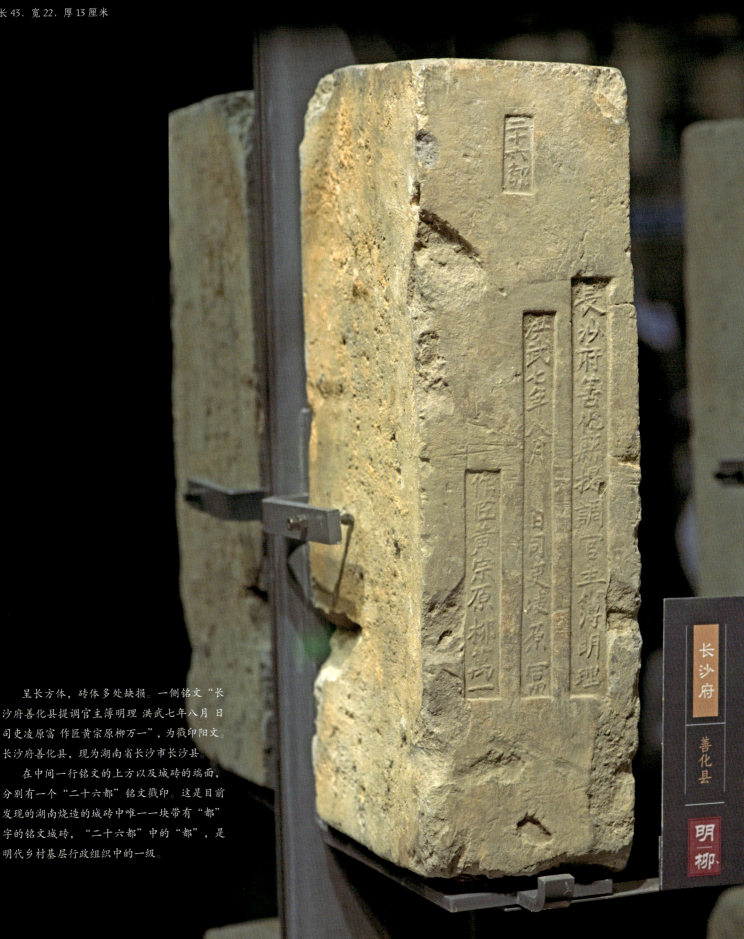

　　呈长方体，砖体多处缺损。一侧铭文"长沙府善化县提调官主簿明理 洪武七年八月 日司吏凌原富 作匠黄宗原柳万一"，为戳印阳文。长沙府善化县，现为湖南省长沙市长沙县。

　　在中间一行铭文的上方以及城砖的端面，分别有一个"二十六都"铭文戳印。这是目前发现的湖南烧造的城砖中唯一一块带有"都"字的铭文城砖，"二十六都"中的"都"，是明代乡村基层行政组织中的一级。

"袁州府 宜春县"铭文城砖

City Wall Brick with Inscription of "Yichun
County, Yuanzhou Prefecture"

明（1368—1644 年）

长 40.5、宽 19.5、厚 10.5 厘米

呈长方体，米白色。一侧铭文"袁州府提调官通判隋赞司吏任俊 宜春县提调官主簿高亨司吏陈廷玉"，另一侧铭文"总甲张用谦甲首周才小甲安泰 窑匠易奇造砖人夫姚纹"，为戳印阳文，有外框。

此砖为袁州府宜春县（今江西宜春）烧造，其提调官通判隋赞是负责南京城墙城砖烧制的官员中记载较多的一位。隋赞在袁州府任职期间，负责监督烧制了南京城墙中独具特色的"白瓷砖"。这种城砖多烧造于袁州府萍乡县、分宜县、宜春县等地，由江西特有的黏土制成，通体洁白如玉，质地细腻紧密，表面光滑，吸水性弱，坚固耐用，因此常被砌筑于城墙内部，起稳固作用。

呈长方体，砖体一角缺损。一侧铭文"临江府提调官照磨李好正司吏陈鉴 清江县提调官知县王贞司吏刘显德"，另一侧铭文"总甲徐云甫甲首蒋敬小甲张仲 窑匠李咲三人夫段友"，为戳印阳文，有外框。临江府清江县即今江西省樟树市。

这块城砖上的烧造信息十分完整明确，属于成熟期责任制砖

砖文上同一官员担任"提调官"和"照磨"两个官职，其中照磨是常设官职，是知府的属官，掌管卷宗、钱谷等；提调官则是为城砖烧造专门设置的临时官职，负责监督制造城墙砖的工作。此城砖砖文，是明代城墙砖烧造管理制度的重要体现。

呈长方体。一侧铭文"南昌府提调官通判王武司吏万宗程 南昌县提调官典史陈正司吏赤盏从敬",另一侧铭文"总甲王名奇甲首杨愿善小甲王清甫 造砖窑匠黄长三 人夫李仁□",为戳印阳文。南昌府南昌县即今江西省南昌市。

"赤盏"为金朝女真族的复姓,铭文中的南昌县司吏"赤盏从敬"为元代旧官吏,为明初朝廷所任用。这块砖不仅是明初任用旧官吏状况的重要物证,也是少数民族参与建造南京城墙的重要见证。

"南昌府 南昌县"铭文城砖
City Wall Brick with Inscription of "Nanchang
County, Nanchang Prefecture"

明(1368—1644 年)

长 41.5、宽 19、厚 10.5 厘米

"崇仁县"铭文城砖

City Wall Brick with Inscription of "Chongren County"

明（1368—1644 年）

长 43、宽 21、厚 13 厘米

呈长方体，砖体两角缺损。一侧有铭文"崇仁县提调官县丞李保辰司吏舒太安"，另一侧有铭文"粮户黄名可募人范先窑匠邓万七黄□"，为模印阳文。崇仁县即今江西省抚州市崇仁县。

这块城砖上仅记录县级提调官以下的人员信息，因此属于中期责任制砖。砖文中的"粮户""募人"字样，是明初实行均工夫役中"田多丁少，以佃人充夫"的实证。

"抚州府临川县" 铭文城砖

City Wall Brick with Inscription of "Linchuan County, Fuzhou Prefecture"

明（1368—1644 年）

长 43、宽 22、厚 12.5 厘米

　　呈长方体，略有缺损。一端有铭文"抚州府临川县提调官主簿许宗孟司吏黄裳粮长饶伯□"，另一端有铭文"知数饶从□总甲赵仕安里长于□一窑匠周信一人户赵□□"，均为竖排，模印阳文。抚州府临川县即今江西省抚州市临川区。

　　"粮长""总甲""里长"等铭文，显示这块城砖生产于南京城墙砖责任制中期向总甲制成熟期过渡阶段。总甲制是为烧砖而专门成立的一种临时性劳役组织，对后来的里甲制产生了重大影响。

◆ 囚徒造砖

明代罪役也是修建都城重要的人力来源，罪囚所负责的劳力工作往往最为繁重。

"癸巳黑前徒砖" 铭文城砖

City Wall Brick with Inscription of "Brick by Prisoners in Black Kiln in Guisi Year"

明（1368—1644 年）

长 38、宽 20、厚 9 厘米

呈长方体，铭文"癸己（巳）黑前徒砖"位于端头，竖排，为戳印阳文，有外框，字体工整美观。

由铭文可知此城砖为"癸巳"年烧造。明洪武年间无癸巳年，明代最早的癸巳年为明永乐十一年（1413 年），因此推测这块砖为明永乐十一年或之后烧造而成。"黑"为黑窑，位于聚宝山下，南京工部维修城墙、城楼所用砖瓦等，都由聚宝山下的黑窑烧造。"徒"说明这块城砖为囚徒烧造，是罪囚参与南京城墙砖烧造的重要物证，具有重要的研究价值。

◆ 寺观造砖

　　明初，朝廷根据田产征派徭役，因此部分有田产的寺庙道观参与了南京城墙砖的烧造，从城砖铭文可知，包括天界寺、报恩寺、荐福寺、龙吟观等。

"镇江府 报恩寺"铭文城砖
City Wall Brick with Inscription of "Bao'en Temple, Zhenjiang Prefecture"

明（1368—1644 年）
长 44、宽 21、厚 11.5 厘米

呈长方体。一侧铭文"总甲报恩寺知龙甲首文
□□张贵小甲□□ 窑匠李六三 造砖人夫郑溥郑和
尚",为模印阳文,另一侧字迹模糊不清,结合镇江
府丹徒县发现的其他城砖铭文,推知铭文当为"镇江
府提调官同知王思贤司吏吴原善 丹徒县提调官县丞王
克礼司吏冯敬"。

镇江府丹徒县,现为江苏省镇江市丹徒区。报恩寺,
又名玉山报恩寺,由元至大三年(1310年)江浙行省
平章政事齐国公字罗帖木儿在镇江的玉山附近创建,
曾为金山寺下院。清康熙年间改名为超岸寺。根据"报
恩寺"担任"总甲"可知,明初报恩寺应有一定的规模。

"吉安府 龙泉县" 铭文城砖

City Wall Brick with Inscription of "Longquan County, Ji'an Prefecture"

明（1368—1644 年）

长 42、宽 20、厚 12 厘米

　　呈长方体。一侧铭文"吉安府委提调官王庸府吏吴彬 龙泉县提调官白敬先司吏李仁"，另一侧铭文"总甲刘敏昌甲首黎友德小甲王惟韶 窑匠郭蒲 造砖人夫龙吟观"，为模印阳文。吉安府龙泉县明代隶属于江西行省，即今江西省吉安市遂川县。

　　吉安府龙泉县是南京城砖烧制产地最南边的府县。铭文中的"造砖人夫龙吟观"证明这块砖为当地一座道观所出人夫烧制。在寺院庵观同类城砖铭文中，寺庙烧造的城砖相对较多，有报恩寺、天界寺、东霞寺等，但道观所制砖文极为罕见，它是明初徭役征派制度和宗教政策的重要物证。

➤ 多样信息

　　由一位位造砖工匠烧造而成的数亿块城砖，构成了一座露天的民间艺术宝库，蕴藏着丰富的文化信息，包括楷书、篆书、草书等民间书法，以及阴刻、阳刻等篆刻艺术。此外，吉语砖所寄托的人们的美好祈愿，符号砖上铜钱纹、元宝纹等丰富图案，都为今日的城砖解读增添了趣味。

◆ 书体印制

"岳州府 平江县"铭文城砖
City Wall Brick with Inscription of "Pingjiang County, Yuezhou Prefecture"

明洪武七年（1374 年）
长 45、宽 21、厚 12 厘米

　　呈长方体，青灰色。铭文仅一面，位于砖体侧面，为"岳州府提调官知事陈以泰司吏杨德荣 平江县提调官知县胡思湿司吏黄□□作匠徐受□ 洪武七年 月 日"，为模印阴文。
　　岳州府平江县，现为湖南省岳阳市平江县。这块城砖铭文字体为楷书，字号较小，风格工整秀丽。

"吉安府泰和县" 铭文城砖

City Wall Brick with Inscription of "Taihe County, Ji'an Prefecture"

明（1368—1644 年）

长 38、宽 19、厚 12 厘米

　　呈长方体。一侧印有篆书"吉安府泰和县"六字，为模印阳文。吉安府泰和县，现为江西省吉安市泰和县。元代元贞元年（1295 年），吉安路太和县升州，称太和州。明初，吉安路改为吉安府。洪武二年（1369 年），废太和州，复为县，并因避明太祖名讳改为泰和县，仍属吉安府。

　　该砖上的篆书字体为南京城墙砖文所罕见，风格刚健有力，极富有书法艺术价值。

"寿"铭文城砖

City Wall Brick with Inscription of "Longevity"

明（1368—1644 年）

长 36.5、宽 19.5、厚 8.5 厘米

    呈长方体，尺寸较小。城砖铭文只有一个"寿"字，刻划于城砖的正面，字体为草书，书写流畅，一气呵成，应为砖坯未干时直接刻划上去，之后烧造而成。"寿"字推测为吉祥语。这块砖不论是砖文印制方式、字体还是铭文内容都十分罕见。

草书

寿

"南昌府 新建县"铭文城砖一组
City Wall Bricks with Inscription of "Xinjian County, Nanchang Prefecture"

明（1368—1644 年）

二件

左：长 40、宽 20、厚 12 厘米

右：长 41、宽 20、厚 12 厘米

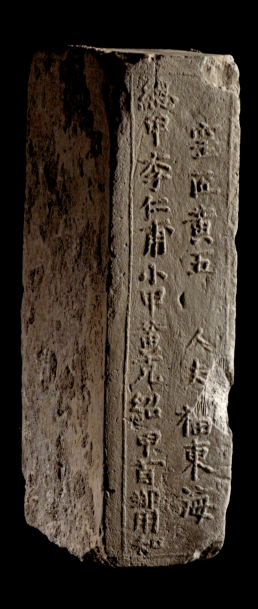

呈长方体，略有缺损。左砖一侧铭文"南昌府提调官通判王武司吏万宗程 新建县提调官主簿刘进亿司吏熊晟"，另一侧铭文"总甲李仁甫小甲黄克绍甲首邹用和 窑匠黄五人夫福东海"。右砖一侧铭文"南昌府提调官通判王武司吏万宗程 新建县提调官主簿□进亿司吏熊晟"，另一侧铭文"总甲李仁甫甲首王植小甲首聪惠海 窑匠黄五人夫寿南山"。两块城砖均为模印阳文，有外框。

这两块城砖都来自南昌府新建县，明属江西行省，今为江西省南昌市新建区。两块砖都由"窑匠黄五"负责烧制，并分别出现了"福东海"和"寿南山"两位姓名独特的人夫。据推测，"福东海"和"寿南山"为吉祥寓意的化名，并非真实姓名。南京城墙砖文中还有"远近中"等疑似化名的现象，反映了元末明初的汉人姓氏文化，有重要的史料研究价值。

"万万年"铭文城砖
City Wall Brick with Inscription of "Eternity"

明（1368—1644 年）
长 40、宽 19.5、厚 10.5 厘米

  呈长方体。端头横排模印有"万万年"字样的吉祥语，表达了一种万年长久的美好祝愿。

  早在西汉时期就有吉语砖文，如"宜子孙""与天无极""天下平"等。南京城墙砖有严格的"物勒工名"制度，没有刻印责任制的吉语砖较为鲜见。

◆ **趣味砖文**

"刘德华"铭文城砖
City Wall Brick with Inscription of "Liu Dehua"

明（1368—1644 年）
长 42、宽 20、厚 11 厘米

　　呈长方体。一侧铭文"瑞州府提调官通判程益司吏艾诚 上高县提调官县丞吕翊司吏赵用宾"，另一侧铭文"总甲黄原亨甲首刘德华小甲兰文华 窑匠晏文叁 造砖人夫刘德华"，均为模印阳文。城砖铭文形成了数量庞大的姓名库，如今在其中也能找到一些熟悉的名字。

铜钱图案城砖

City Wall Brick with Pattern of Bronze Coins

明（1368—1644 年）

长 39.5、宽 19、厚 9 厘米

　　呈长方体。端头刻有铜钱纹，为模印阳刻。

　　南京城墙除定例的"物勒工名"责任制城砖铭文外，还有一些有特色的砖文，如"金陵"等，以及一些特殊符号，如银锭纹、"卍"字纹等。这块砖上的铜钱纹是特殊符号的一种，反映了南京城墙丰富多彩的砖文文化。

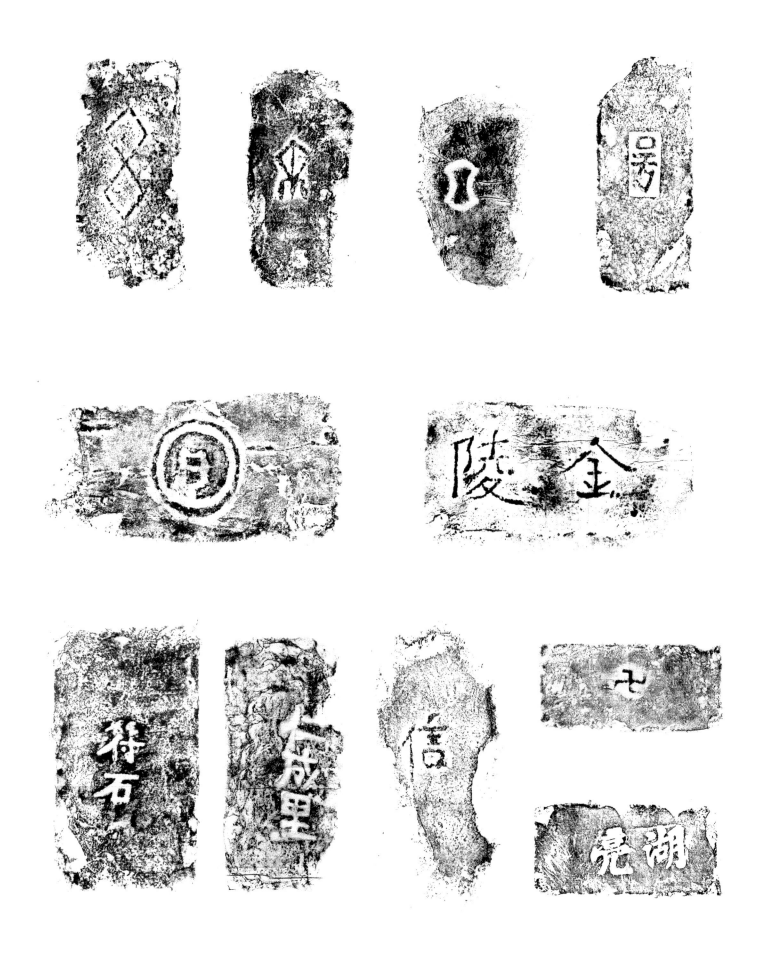

石　料

　　用于南京城墙修建的石料，主要材质为石灰岩、花岗岩等，产地主要有南京周边的青龙山、窦村、老虎山，以及安徽繁昌县（今安徽省芜湖市繁昌区）等。

南京老虎山明代采石场遗址

安徽省芜湖市繁昌区采石场遗址

条 石
Slab Stone

明（1368—1644 年）

长 97.6、宽 31.8、厚 25 厘米

呈长方形，青灰色，质地坚硬，表面有开凿痕迹。

南京城墙砌筑墙体的条石，材质为青石，规格一般为长 0.6 ～ 1.39、宽 0.7 ～ 0.9、厚 0.26 ～ 0.35 米。条石重量一般为 500 ～ 600 斤，最大超过 1000 斤。条石主要用于南京城墙自通济门至三山门段墙面内外，还用于城墙部分地基、其他地段的墙体勒脚、城门地面道路、部分城门和涵闸的拱券及千斤闸的闸槽等。

条石位置示意图

拱券石

Arch Stone

明（1368—1644 年）

长 81.3、宽 47、厚 50 厘米

南京城墙东水关发现

呈扇形，表面有开凿痕迹，推测为东水关水洞或藏兵洞所用拱券石。

拱券石一般设置在城门或水关、涵闸的顶部，根据券的大小将多块拱券石组合在一起。因各块拱券石弧度不一，组合后需达到设计的要求，故凿石时有一定的技术要求。

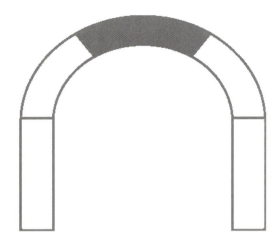

拱券石示意图

旗杆石
Flagpole Stone

明（1368—1644 年）

高 241、长 57、宽 32.3 厘米

南京城墙清凉山段发现

此旗杆石顶部为半圆形，中部和上部
共凿有两个穿孔，用于固定旗杆。

旗杆石又称"幡杆颊"，一般两个为
一组，位于城门附近的城墙顶面，用于旗
杆的固定和升降。

柱础石
Column Base Stone

明（1368—1644 年）

长 58、宽 58、高 42.2 厘米

明故宫遗址发现

下方两层为方形，上层为圆柱形，顶部有圆形凹槽用以固定木柱，表面有开凿痕迹。

柱础石是我国常见的建筑石构件，为柱子下方安放的基石，俗称"磉盘"，在传统砖木建筑中用以支撑负荷和防潮。础有鼓形、瓜形、花瓶形、宫灯形、六锤形、须弥座形等多种式样，兼具美观性。此柱础石应为明故宫内建筑所用。

明沟式排水石槽

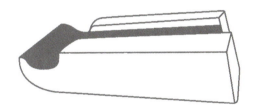

排水石槽示意图

排水石槽
Drain Stone Groove

明（1368—1644 年）
长 142.6、宽 63.6、高 38.7 厘米
南京城墙解放门段发现

　　此为明沟式排水石槽。整体呈长方体，其上有 T 形水槽，表面有开凿痕迹。

　　南京城墙上的排水石槽分明沟式和暗沟式两种。明沟式排水槽一般由石灰岩凿成，位于城墙顶部的一侧，以汇集城墙顶部的积水，并使其排出。暗沟式排水槽主要位于包山墙的墙体中部，与城墙平行，防止山体中的水对城墙造成冲击。暗沟式排水槽的出水方式目前已知有两种：其一，从墙体内部顺涵道泄出墙外，如石头城段城墙；其二，于墙体中部设吐水石槽，如绣球公园段、狮子山段、龙脖子段城墙等。排水石槽之间相互咬合，缝隙处灌以黏合剂。

木 材

　　木材是南京城墙建造中的重要建材之一，主要用于城墙地基的加固，以及城门、城楼的建造。南京城墙的木材来源十分广泛，包括今江苏、浙江、四川、江西、湖南、湖北、浙江、云南等地。木材的采伐，在建材取用中最为艰巨困难。明洪武八年（1375 年），因各地运送建城所用木材数量增加，朝廷设工部广积场大使、副使各一名，以加强对运至南京木材的管理。

木 桩
Wooden Posts

明（1368—1644 年）

二件

长约 200、直径约 15 厘米

玄武湖隧道出土

　　木桩一头削尖，用于夯筑入土，称为"地钉"，以加固墙基，保证城墙的坚固度和稳定性。城墙地基所需杉木是木材中用量最多的一项。这两件木桩为修筑玄武湖段城墙地基所用，因该段城墙临湖，土质较松软，使用圆木加固地基十分重要。

发现于玄武湖隧道中的城墙外侧止滑桩

明故宫地基梅花桩

云南省盐津县记载明初砍伐楠木的摩崖石刻拓片

在今云南省昭通市盐津县滩头乡界牌村附近大山处有摩崖石刻两方，记录了洪武与永乐年间在四川宜宾开采楠木，用于南京宫阙营建的历史。

原文：

大明国洪武八年乙卯十一月戊子上旬三日，宜宾县官部领夷人夫一百八十名砍剁宫阙香楠木植一百四十根。

大明国永乐伍年春四月丙午日，叙州府宜宾县县主簿陈典史何等部领人夫八伯（佰）名，拖运宫殿楠木四伯（佰）根。

城墙营造

　　自元至正二十六年（1366 年）修建宫殿开始，到明洪武二十六年（1393 年）城墙基本定型，南京明城墙的营建经历了二十八年，动用各类筑城人员百万余众，最终建成了这座旷世城垣，成为中国古代筑城史上的巅峰之作。

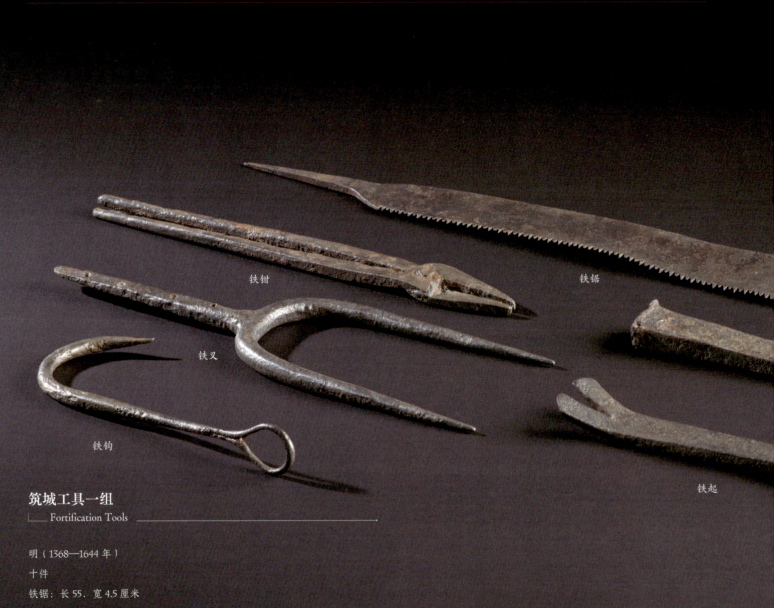

铁钳　　铁锯

铁叉

铁钩

铁起

筑城工具一组
Fortification Tools

明（1368—1644 年）

十件

铁锯：长 55、宽 4.5 厘米

铁钳：长 30、宽 3 厘米

铁凿：长 22、宽 3 厘米

铁叉：长 32.5、宽 9 厘米

铁起：长 24、宽 4 厘米

铁钩：长 20 厘米

铁铲：长 25、宽 16 厘米

铁锤（无柄）：长 18、宽 13、厚 9 厘米

铁斧：长 14.5、宽 7.5 厘米

铁锤（带柄）：长 17、宽 10.5 厘米

此为明代烧砖筑城所需的部分工具。南京城墙的建成并非一日之功，在城墙建造过程中，涉及城砖砖坯制作、城砖烧造、建造取土、锯木、夯筑等多项筑城工艺，需要用到多种工具，同时也需要掌握多种技术的工匠人夫。

铁铲

铁凿

铁锤

铁斧

铁锤

明《洪武京城图志》之《京城山川图》（局部）

四重城垣　皇都威仪

　　南京明城墙在历代城池的基础上，顺山川形势建成，形成了从内到外由宫城、皇城、京城、外郭四重城垣环套的完整格局，在中国都城建设史上具有里程碑意义。作为历史上第一个定都江南的统一王朝的都城，南京的城墙有着高大坚固的墙体、宽阔的护城河、设计精巧的水关涵闸。这座秀丽又雄壮的城墙，规定着城市的边界，象征着城市的威严，凝聚着大明王朝的辉煌，也在后世一代代的改建之中，传承着我们延续至今的中华文明。

宫城城墙

宫城城墙是南京四重城垣中的最内一重，坐北朝南，周长约3.4千米，城墙外有御河环绕。宫城之内，是皇帝日常起居、办理朝政、接受中外使臣朝觐以及皇室成员居住之地。

宫城设有六座城门。吴元年（1367年）九月，始建午门、东华门、西华门、玄武门四座城门；明洪武十年（1377年）冬十月，在午门两侧增设左掖门和右掖门。

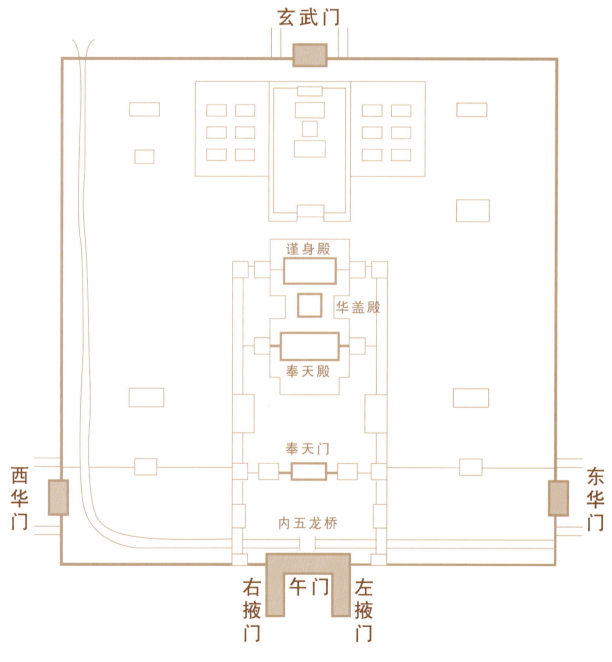

宫城布局示意图

午门照片
Photo of Meridian Gate

清光绪十四年（1888 年）

纵 22.1、横 27.6 厘米

　　这张清末的蛋白照片体现了清末午门的面貌。此时，午门的城楼已经不存，两阙仍保存完好，中间三门清晰可辨。照片左下角有"1888 Pow Kee Photographer Nanking 午朝门"字样。Pow Kee 即宝记，宝记照相馆是中国最早的照相馆之一，19 世纪 80 年代在南京设店，留下了大量珍贵影像。

　　午门是宫城的正南门，因"位当子午"而得名，城门上有五座城楼，称"五凤楼"。明洪武十年（1377 年）改筑，在午门两侧增设左掖门和右掖门。

石券门
└── The Stone Gate ─────────────────────

明（1368—1644 年）

高 2.75、长 3.05、厚 1 米

南京市中山东路北侧原南京军区体工队内发现

石券门由多块石刻堆叠而成，上有云纹、山纹，雕刻精美。因外形似梳妆台，民间称其为明太祖孝慈高皇后马氏的梳妆台，有"马娘娘梳妆台"之俗称。

这座石券门发现于中山东路北侧原南京军区体工队内，推测可能是明代宫城内花园假山下的券洞构件，可见明代南京皇宫的恢宏壮丽。

螭 首

Ornament in the Shape of Hornless Dragon's Head

明（1368—1644 年）

高 53、长 122、头部宽 37.5 厘米

明故宫遗址发现

　　此件螭首造型浑厚，健壮有力，角螭前肢弯曲，眉骨凸出，鬣须和鳞片清晰可见，雕刻饱满。后端为楔形榫头，可套嵌在建筑物上。此件螭首一度存放于南京明故宫午门公园内，是明代宫城建筑的一部分。

　　螭首是古建筑上的一种装饰构件，常雕凿在殿阶、对柱及四角等处，有着排水、保护台基、平衡承重的作用。明代，螭首为皇家建筑专用，是帝王皇权的象征。

绿釉琉璃鸱吻

Green Glazed Ornament in the Shape of *Chiwen* (a Chinese dragon that mixes features of a fish)

明（1368—1644 年）

长 38、宽 27、厚 12 厘米

明故宫遗址发现

这件鸱吻通体绿釉，后部部分残缺，前部完整，形态呈吞食状，造型浑厚有力，纹饰清晰。鸱吻尾尖上翘内卷。吻部龙形象张嘴露齿，眉弓凸出，眼睛圆瞪，炯炯有神，充满威严，脸颊后方饰三组卷须纹，使其形象敦厚有力，威风凛凛。近首伸出前爪，强健有力。龙身覆麟纹，身后饰祥云纹与水波纹，下方衬以线形纹饰，疏密有致，使整个画面充满动态感。

鸱吻，又称螭吻、蚩吻，立于传统建筑正脊两端。一说螭喜欢居高望远，因此被置于屋顶，如杨慎《升庵全集》称其"形似兽好望，今屋上兽头是也"；一说它喜好吞食，因此呈张口吞食正脊的形态，如李东阳《怀麓堂集》："蚩吻，平生好吞，今殿背兽头是其遗像。"

绿釉琉璃龙纹构件（残件）

Green Glazed Component with Dragon Pattern (Remnant)

明（1368—1644 年）

长 77、宽 55、厚 15 厘米

明故宫遗址发现

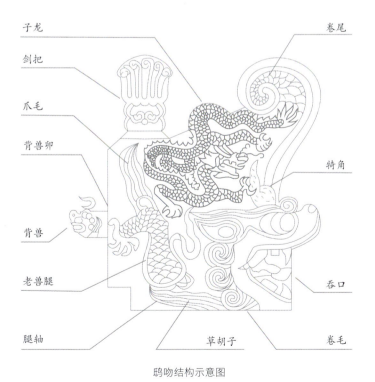

子龙

剑把

爪毛

背兽卯

背兽

老兽腿

腿轴

卷尾

犄角

吞口

草胡子

卷毛

鸱吻结构示意图

　　此琉璃构件为鸱吻的一部分，通体绿釉，大部分残缺，保存下来的部分以鳞纹为底，上有龙纹。龙身蜿蜒，龙首微向上探，龙爪有力，龙须飘动，龙身鳞纹清晰，整体造型生动，飘逸而不失力度，动感鲜明，仿若遨游云端。

　　鸱吻一般由吻部、身子、背部的剑把、底部的吻座、外侧的背兽组成，身子覆鳞纹、云纹、卷须纹等纹样，有一条子龙。此残件即为鸱吻的子龙部分。

　　明清时期，鸱吻的外形与文化内涵都达到了高峰。官式鸱吻的形制趋于稳定，造型方正敦实，以黄、绿琉璃为主，鸱吻的造型和装饰中"龙"元素逐渐增多，充满皇家气象。

龙纹瓦当

龙凤纹琉璃瓦当

Glazed Eaves Tiles with Dragon and Phoenix Pattern

明（1368—1644 年）

二件

龙纹瓦当：瓦筒残长 3、当面直径 18 厘米

凤纹瓦当：瓦筒长 27.5、当面直径 11 厘米

明故宫遗址发现

龙纹瓦当瓦筒残缺，当面基本完整，呈圆形，施绿釉。当面为五爪盘龙，龙头位于中心，龙身粗壮，龙鳞排列整齐，五爪呈火轮状，造型有力。凤纹瓦当瓦筒及瓦面均完整，施绿釉，釉层较厚。当面为凤纹，凤凰呈展翅曳尾飞翔状，羽毛清晰，衬有祥云图案。龙凤纹是中国传统吉祥纹样，是帝德与天威的象征。明代，五爪龙纹为皇家御用，常用于皇家建筑和器物上。

在传统坡形屋顶上，从屋脊到屋檐铺满筒瓦。位于屋檐处的筒瓦为了便于排水，向外挑出，瓦头封闭，称为"瓦当"。

凤纹瓦当

二件

龙纹滴水：瓦筒残长 13.5、滴水长 28、滴水宽 12 厘米

凤纹滴水：瓦筒长 26.5、滴水长 20、滴水宽 10 厘米

明故宫遗址发现

龙纹滴水

龙凤纹琉璃滴水

Glazed Eaves Tiles with Dragon and Phoenix Pattern

明（1368—1644 年）

二件

龙纹滴水：瓦筒残长 13.5、滴水长 28、滴水宽 12 厘米

凤纹滴水：瓦筒长 26.5、滴水长 20、滴水宽 10 厘米

明故宫遗址发现

龙纹滴水瓦筒部分残缺，滴水正面完整，呈如意形，施黄釉。正面饰五爪奔龙，龙头呈回首状，龙须前飘，龙目圆睁，双角后伸，火珠纹置于龙身中上部，呈龙戏珠状，前方有祥云纹。凤纹滴水瓦筒及滴水正面均完整，施绿釉。凤凰呈回首展翅飞翔状，凤尾线条飘逸，前后各有一祥云纹。

为适应多雨气候，南方建筑多采用坡形屋顶。滴水是铺在屋顶檐口处的仰瓦，下雨时，积水沿坡形屋顶流淌，沿边缘的滴水滴落地面。

凤纹滴水

琉璃骑凤仙人（残件）
Glazed Immortal Riding Phoenix (Remnant)

明（1368—1644 年）

残高 20、残长 28、宽 15 厘米

明故宫遗址发现

　　此件骑凤仙人头部及手部残缺，仙人侧坐于凤背上，姿态优雅。衣施绿釉，凤鸟部分施黄釉。

　　脊兽是传统建筑中位于屋脊的兽形装饰件，用来保护固定筒瓦的铁钉不受锈蚀。皇家建筑的脊兽以骑凤仙人为首，其后按照等级秩序排列数量不等的走兽。

古建筑屋脊上走兽位置示意图

绿釉天马

Green Glazed Galloping Horse

明（1368—1644年）

高 16、长 26、宽 11 厘米

明故宫遗址发现

此件天马通体施绿釉，双目有神，背有双翼，线条流畅有力。

传统建筑屋脊上走兽的数量因建筑等级不同而有差异，建筑等级越高，走兽数量越多，最多者为故宫太和殿的 10 件，从前到后分别为龙、凤、狮子、天马、海马、狻猊、狎鱼、獬豸、斗牛和行什。其中天马居于第四位，有一对翅膀，象征忠勇。

琉璃缠枝纹砖
Glazed Brick with Design of Intertwined Sprays

明（1368—1644 年）

长 30、宽 10.5、厚 9 厘米

明故宫遗址发现

呈长方体。砖身主体纹饰为缠枝纹，枝茎扭转呈波状，配以花朵、叶片，枝叶为绿色，花朵为黄色，线条流畅，体现出欣欣向荣的生命力。缠枝纹是中国传统植物纹样，在明代十分流行，寓意连绵不断，生生不息。

琉璃卷草纹砖
Glazed Brick with Design of Floral Scrolls

明（1368—1644 年）

长 30、宽 3.6、厚 11 厘米

明故宫遗址发现

呈长方体。正面施黄釉，釉层较厚。砖身主体纹饰为卷草纹，由植物枝叶反复翻卷组合而成，因此得名。卷草纹中的植物以忍冬、牡丹、荷花等为主，常组成连续带状作为边饰使用。

黄釉琉璃砖

Yellow Glazed Bricks

明（1368—1644 年）

二件

上：长 27、宽 5.5、厚 5.5 厘米

下：长 26、宽 9.5、厚 5 厘米

明故宫遗址发现

    均呈长方体。正面施黄釉，属于明代皇宫建筑构件。釉层较厚，有较强的玻璃质感，光彩亮丽。其中一件琉璃砖上有朱书"寿"字。

铭文瓦一组（残件）
Inscribed Tiles (Remnant)

明（1368—1644 年）

四件

黄釉琉璃筒瓦（上）：长 37、宽 17.5 厘米

黄釉琉璃筒瓦（下）：残长 19、残宽 12 厘米

绿釉琉璃筒瓦：残长 16、残宽 14 厘米

板瓦：残长 32、残宽 19 厘米

明故宫遗址发现

黄釉琉璃筒瓦

黄釉琉璃筒瓦

黄釉琉璃筒瓦（上），筒身较为完整，外施黄釉，有两处模印铭文，分别为"提调官游弘毅 作头朱寿 南匠上色祝寿二 风火东兴旺"和"万字一号"，记录了烧造人信息。

黄釉琉璃筒瓦（下），残缺，外施黄釉，有两处模印铭文，分别为"提调官游弘毅 作头朱寿 南匠上色祝寿二 风火东兴旺"和"□□一号"，记录了烧造人信息。

绿釉琉璃筒瓦，残缺，筒身外施绿釉，有模印铭文"饶州府"，内侧有墨书"饶州府 寿"，记录了烧造地信息。

板瓦，残缺，呈灰色，其上有朱书"寿 饶州府人匠□□"，记录了烧造地和烧造工匠信息。

这组残瓦上的模印铭文及书写文字，记录了这些为明代皇家烧造的筒瓦、板瓦的烧造地与烧造者等信息。

绿釉琉璃筒瓦

板瓦

皇城城墙

皇城城墙是南京的第二重城垣，坐北朝南，平面呈倒"凸"字形。皇城之内，是中央行政机构和国家宗庙所在地，也是封建统治的中枢。

皇城设有与宫城相对应的六座城门，南为洪武门及两侧的长安左门、长安右门，东为东安门，西为西安门，北为北安门。

明永乐三年（1405年），朱棣下令拓建皇城西侧城墙，皇城的周长从原来的约8.2千米，增加到约9.1千米，改变了原来环绕宫城几乎等距而建的皇城格局。

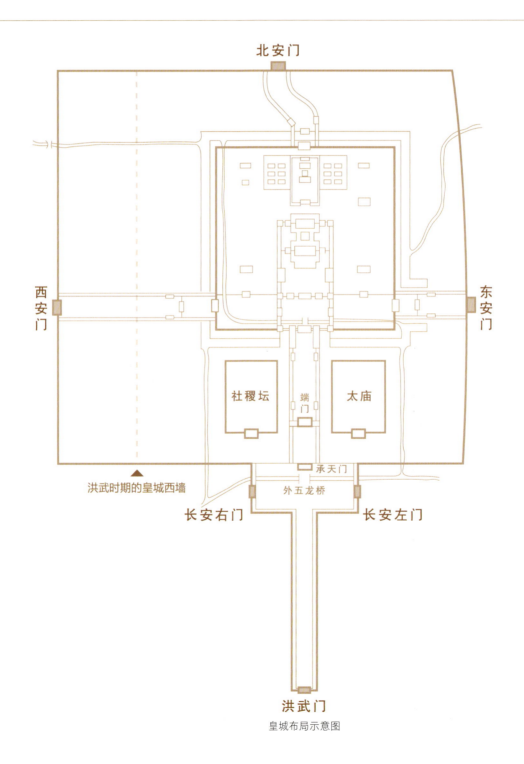

皇城布局示意图

A Road through the Great Wall in China.

西安门明信片
Postcard of Xi'an Gate

民国时期（1912—1949 年）

纵 9、横 14 厘米

此明信片展示了民国时期的西安门，此时城楼已不存，城门保存较完好。

西安门位于皇城西侧，其规格仅次于午门。明永乐三年（1405 年）拓建皇城西侧城墙时，西安门也随城墙西迁。

赫达·莫理循拍摄的东安门

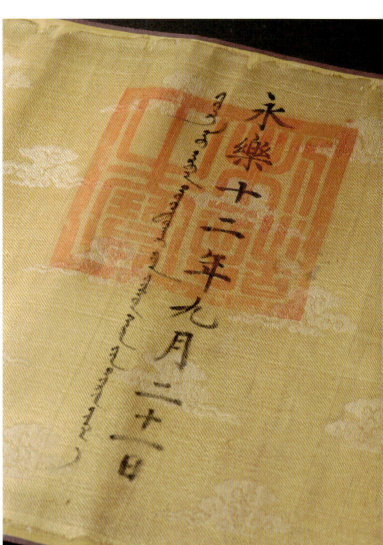

永樂十二年九月二十一日

永樂十二年九月二十一日

原文：

奉天承运，皇帝制曰：朕惟帝王之治，以天下为家，故驭兵抚民，无间遐迩，必设官以领之。尔牌起久处边陲，慕义来归，顺天之道，达事之几，器识深远，可谓超其类矣。朕嘉尔诚，爰锡恩命，今特立哈儿分卫指挥使司，授尔明威将军，本卫世袭指挥佥事。尔其益坚臣节，永着忠勤，安处边陲，乐其生业，佃猎孳牧，各从所便，俾生齿蕃息，终始无渝。则天心悦鉴，福及子孙，其往懋哉，毋替朕命。

永乐十二年九月二十一日

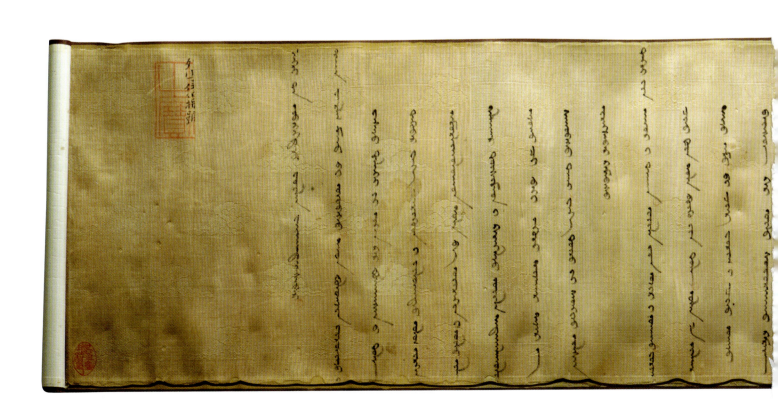

明永乐十二年授牌起明威将军诰命

Imperial Mandate Granted to General Mingwei in the Twelfth Year of the Yongle Era of the Ming Dynasty

明永乐十二年（1414 年）

纵 31、横 285 厘米

　　此为永乐皇帝设哈儿分卫指挥使司，任命海西女真族首领牌起（蒙语音译）为明威将军的诰命，由蒙汉双语写成，是明王朝对哈儿分地区推行羁縻卫所制度，稳定东北边疆的珍贵文物。此件诰命为五色彩锦，织造方法是用五色彩纬与单色经线交织成相连的五段，纬线显色，另有一组和经线同色的纬线，与经线交织显花，组织结构为斜纹，是反映明代初年南京丝织技艺水平的珍贵实物。

　　诰敕是古代帝王授、封、赠臣属的文书凭证，朱元璋建立大明王朝后制定了完备的诰敕制度，以此作为巩固国家统治的重要手段。明代负责织造诰敕的机构是神帛制敕局，后又称神帛堂，位于皇城的北安门内。入清以后，明故宫改为满城，清廷仍在此织造神帛诰敕。

　　明洪武、永乐时期，为了稳定边疆，明王朝在西北、东北等少数民族地区设立羁縻卫所，令其首领担任都督、都指挥等官职，兼管军民事务。牌起原为居住在哈儿分地区的海西女真族首领，哈儿分推测位于今阿纽伊河与黑龙江汇合处，即俄罗斯境内的哈巴洛夫斯克，又称伯力附近。永乐十二年率族人归附明廷，是年九月，朱棣发布诰命，授牌起为正四品明威将军，并设立哈儿分卫。归附明廷后，牌起内迁至辽海卫与三万卫，成为明廷带俸达官。这种羁縻卫所制度，对西北、东北地区的稳定起着举足轻重的作用，成为明王朝创设的重要地方管理模式。

慶邊隅慕義來歸順

天之道達事之幾器識深

遠可謂超其類矣朕

嘉爾誠愛錫恩命令

特立哈兒分衛指揮

使司授爾明威將軍

本衛世嚴指揮僉事

爾其益堅臣節永著

忠勤安慶邊隅樂其

生業佃獵孳牧各從

所便俾生齒蕃息終

始無渝則

天心悅鑒福及子孫其往

懋乃毋替朕命

荡寇将军印
Seal of General Dangkou

明崇祯十六年（1643 年）
高 7.5、印面长 10.4、印面宽 10.4 厘米
宫城西侧的护城河内出土
南京博物院藏

　　银质。印组为虎钮，取意八面虎威。印面阳文"荡寇将军印"，柳叶篆，亦称风字篆，寓意兵贵神速。组台右刻阴文楷书"荡寇将军印"，左刻阴文楷书"崇祯拾陆年拾月 日""礼部 造"，印侧刻阴文楷书"崇字捌百柒拾号"。为崇祯十六年十月礼部颁铸的一枚武官印信。

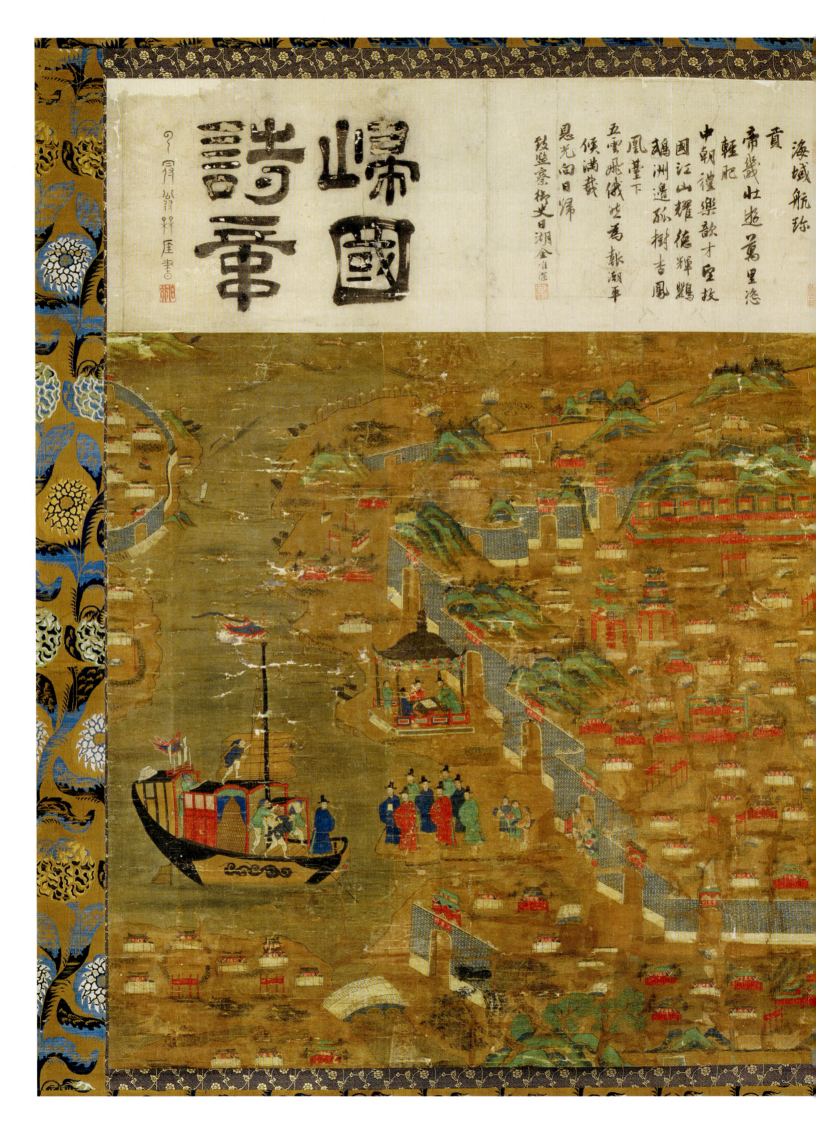

明《送朝天客归国诗章图》（韩国国立中央博物馆藏）

此图较为准确地描绘了明代南京城市风貌景致，具有重要的图像史证与学术参考价值。画面完整呈现了明代南京的四重城垣。明代宫城、皇城描绘细致，在京城正阳门北侧中轴线上，依次绘有皇城大明门（即红午门）、宫城承天之门（即承天门）、端门、午门、金銮殿，以及皇城北安门等建筑。皇城中轴线东西两侧分布着中央官署，东侧有宗人府和吏、户、礼、兵、工部等，西侧分布有通政司、钦天监、锦衣卫等。此外，京城中的主要地标，如国子监、十庙、应天府（署）、朝天宫、鸿胪寺，及外郭与京城间的主要地标，如灵谷寺、静海寺、宝船厂、三法司、江东驿等，均有所描绘。永乐十九年（1421年）迁都北京以后，南京作为明王朝的留都，保留了宫殿、坛庙、中央官署等都城建置，这幅图是研究明代南京城市结构与布局，复原明代都城面貌的重要资料。

► 明故宫变迁

　　明永乐迁都北京之后，南京开启了两百多年的留都史。经历清代战乱，至民国时期，明故宫的建筑大多已损毁，同时也被赋予了新的用途。

1421 年
明朝都城迁往北京，南京成为留都。

1644 年
南京成为南明弘光王朝的都城。

1649 年
皇城区改筑为满城。

1853 年
太平天国占领南京，拆除明故宫大量石料砖瓦修建宫殿。

1917 年
南京古物保存所建立，位于宫城的午门北侧。

1927 年
明故宫西南设立飞机场。

1928 年
制订《首都计划》，明故宫一带被规划为商业中心。

1929 年
中山东路建成，明故宫被一分为二。

2006 年
明故宫遗址被列为第六批全国重点文物保护单位。

2021 年
明故宫遗址保护与展示工程列入国家发展改革委"十四五"时期文化保护传承利用工程项目。

南京古物保存所明信片
Postcard of Nanjing Antique Preservation Office

民国时期（1912—1949 年）
纵 14、横 9 厘米

此明信片展示的是从午门城门内望南京古物保存所的场景。

南京古物保存所成立于 1917 年，其址位于午门内的金水桥北侧，是南京最早的现代博物馆。

南京中山东路照片
Photo of East Zhongshan Road in Nanjing

20 世纪 20 年代
纵 9、横 14 厘米

这张照片展示的是从中山门上俯瞰中山东路的场景，在中山东路南侧，由近到远分别是皇城的东安门与宫城的午门。

1929 年，为了迎接孙中山先生灵柩安葬中山陵，国民政府新建了中山东路，将明故宫一分为二。

明初三都

　　明初三都，指明初营建的三座都城：南京、凤阳、北京。明代黄瑜在《双槐岁钞》中称其为"国初三都"。其中，南京于元至正二十六年（1366年）八月始定新宫，是明初三都中最早修建的，后期也成为北京故宫营建的蓝本。

　　凤阳于明洪武二年（1369年）九月定为中都，继承了南京吴王新宫的建筑设计，并增筑了文华门、武英门，以及奉天门两侧的左侧门和右侧门。至洪武八年（1375年）四月罢建，其营建历时六年。

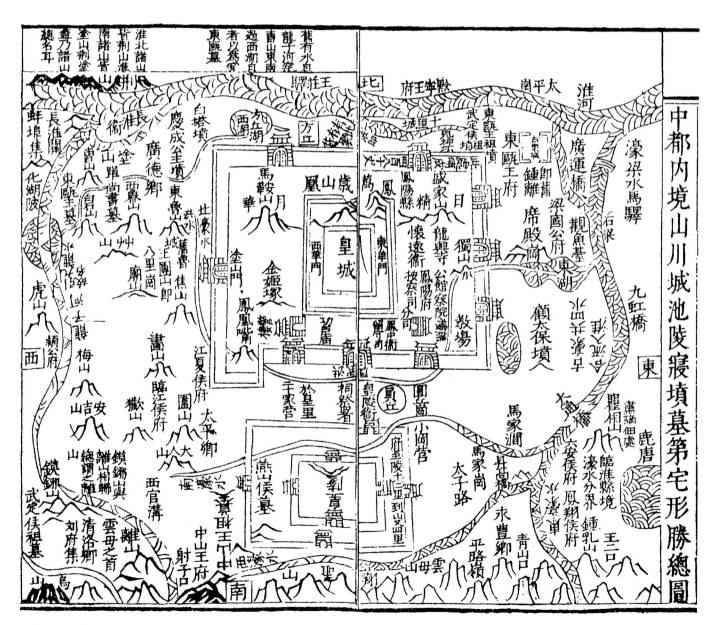

明《凤阳新书》中的凤阳中都

"凤阳卫"铭文城砖

City Wall Brick with Inscription of "Fengyang Guards"

明洪武十七年（1384 年）
长 43、宽 21、厚 13.5 厘米
凤阳县博物馆藏

　　呈长方体。正面有铭文"凤阳卫后所监工 百户徐琜 揔
旗□全 砌城一丈四尺八寸 北至百户成雄 南至百户□泰 洪武
十七年十月 日"，竖排，刻划砖文。记录了凤阳卫后所监工，
修筑凤阳城墙的史实。

"洪武七年" 铭文城砖

City Wall Brick with Inscription of "The Seventh
Year of the Hongwu Era"

明洪武七年（1374 年）
长 39、宽 21、厚 11.5 厘米
凤阳明中都宫城遗址出土
凤阳县博物馆藏

呈长方体。侧面有模印铭文"镇江府丹
阳县提调官主簿李伯处 司吏郑良工匠王旺
诸 洪武七年 月 日"，为模印阳文。根据砖
文，这块城砖为明洪武七年（1374 年）烧造，
正是朱元璋下令罢建中都的前一年。

瓦筒残缺，当面基本完整，呈圆形，外施黄釉　上有五
爪盘龙纹，龙头呈回首状，前有火珠，呈龙戏珠状。

黄釉龙纹瓦当
Yellow Glazed Eaves Tile with Dragon Pattern

明（1368—1644 年）

瓦筒残长 2.5、当面直径 18 厘米

凤阳明中都宫城遗址出土

凤阳县博物馆藏

　　瓦筒残缺，当面基本完整，呈圆形，外施黄釉　上有五
爪盘龙纹，龙头呈回首状，前有火珠，呈龙戏珠状。

北京皇宫于明永乐十五年（1417年）六月正式开始兴建，至永乐十八年（1420年）十一月建成。据《明太宗实录》记载，北京"凡庙社、郊祀、坛场、宫殿、门阙规制悉如南京，而高敞壮丽过之"。由此可见，北京都城营建规制与南京基本一致，而更为壮丽。

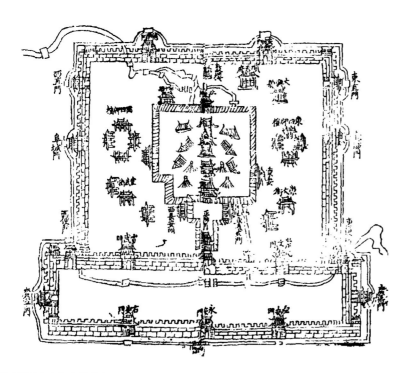

明《顺天府志》中的北京

宫城图
Map of the Imperial Palace

明（1368—1644年）

画心纵 183.8、横 156 厘米

南京博物院藏

　　纸本设色。这是一幅明代的"待漏图"，以北京故宫为背景，描绘官员等待上朝时的景象。画面上，一位身穿品官朝服、手持笏板的官员站立于承天门东侧。"漏"是古代滴水计时之法，"待漏"指上早朝的官员在宫殿外候时的情景。画面主体描绘了故宫中轴线上的主要建筑，包括大明门、承天门、午门、奉天门、奉天殿、华盖殿、谨身殿等。画面最远处可见煤山（今北京景山）。

　　明清北京故宫以南京故宫为蓝本。从这张宫城图中，可以遥想当年南京明故宫的辉煌。

京城城墙

　　京城城墙是南京四重城垣中最重要的一道，内设宫城、皇城，外有外郭环绕，是南京城的主要防御工事，限定了南京城市的范围。京城城墙全长 35.267 千米，城墙合围的面积达 41.07 平方千米。如今，京城城墙现存 25.1 千米，是南京四重城垣系统中保存最完好的一道城墙，也是东亚地区规模最大的城市城墙。

明代京城城门分布与城市功能分区示意图

南京鼓楼照片
Photo of Nanjing Drum Tower

清末期
纵 11.9、横 16.7 厘米

　　此照片反映了清末鼓楼的面貌，城台沿用明代城台，砖砌而成，城楼则为清代重建，较明代城楼尺寸更小。

　　鼓楼位于南京城市中心的黄泥岗上，与钟楼东西并列。以钟楼、鼓楼为中心，京城分为三个功能区：城东为皇城区，是国都的政治中心；城北为军屯区，是军队驻扎及垦田囤粮的区域；城南为商市区，是城内居民生活、贸易、休闲的区域。

　　明洪武年间，京城城墙建有十三座城门，分别为正阳门、通济门、聚宝门、三山门、石城门、清凉门、定淮门、仪凤门、钟阜门、金川门、神策门、太平门和朝阳门，有"里十三"之称。

金陵图咏
Pictures and Poetries of Jinling

明天启三年（1623 年）
一函二册
纵 33、横 20、厚 6 厘米

　　纸本，经折装。原书刊于明天启三年，朱之蕃、陆寿柏编绘，书前有朱之蕃所作序言。书中选取南京四十处名胜处所，配以版画及诗文。

　　名胜组景在中国由来已久。明代中期以来，金陵士绅中兴起对当地历史遗迹的考据风潮，形成了"金陵八景""金陵十八景"等描绘南京名胜古迹的画作，南京城墙也逐渐收入画卷。《金陵图咏》将金陵景物系列扩充为四十景，相沿至今。

　　《金陵图咏》对研究南京古代城市史、建筑史有重要意义。四十景中，收录有南京城墙的共计十五张，包含京城城门五座、外郭城门两座。

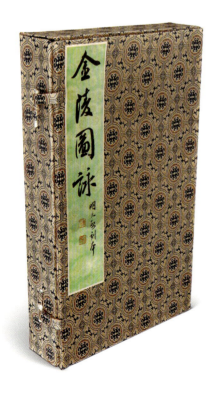

第一册封面

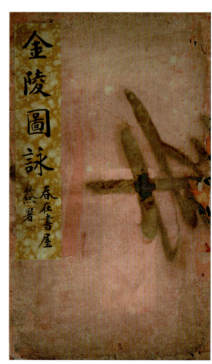

第二册封面

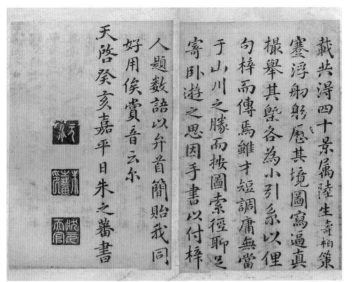

《金陵图咏》序

聖祖開基定鼎始符千古王氣
而龍蟠虎踞之區遂朝萬邦
制六合鎬洛函不足言雄矣
門湘漢未能爭鉅矣相沿以
八景十六景著稱題咏者互
有去取覽者每嘆遺珠之
蓄生長于斯既有厚幸而養
痾伏處每限游踪乃蒐討紀

金陵圖詠序
宇内郡邑有志必標景物以
彰形勝表名蹟金陵自秦漢
六朝風稱佳麗至

載共得四十景屬陸生壽柏策
塞浮舫彤處其境圖寫過真
撮舉其繁各為小引系以俚
句棹而傳焉雖才短調庸無當
于山川之勝而披圖索徑聊之
寄卧游之思因手書以付梓

人題數語以弁首簡貽我同
好用俟賞音云尔
天啓癸亥嘉平日朱之蕃書

《金陵图咏》序

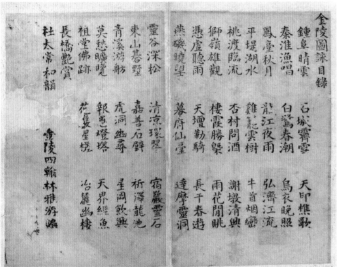

《金陵图咏》目录

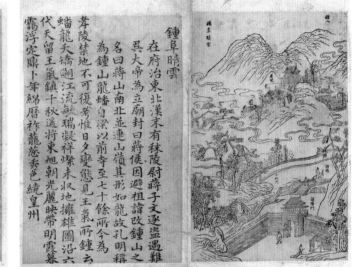

第一景《钟阜晴云》中的朝阳门

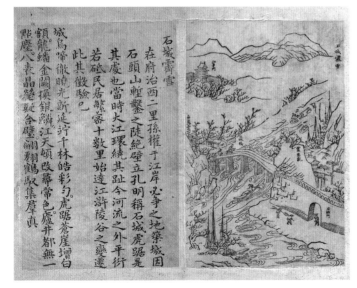

第二景《石城霁雪》中的石城门及外郭江东门

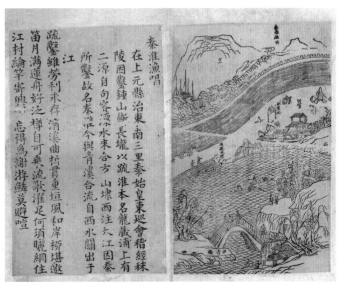

第四景《秦淮渔唱》中的东水关段城墙

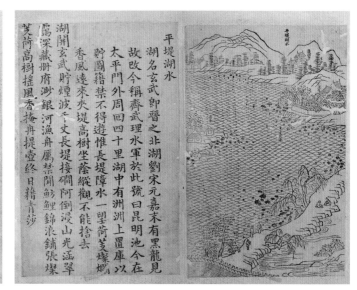

第七景《凤台秋月》中的凤凰台一带城墙

第十景《平堤湖水》中的玄武湖段城墙

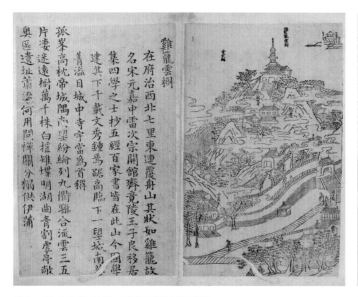

第十一景《鸡笼云树》中临近鸡鸣寺的城墙

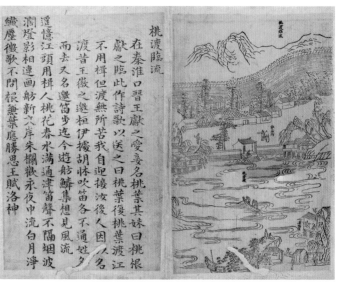

第十三景《桃渡临流》中的桃叶渡一带城墙

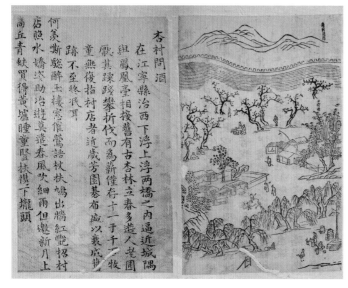

第十四景《杏村问酒》中的城南杏花村一带城墙

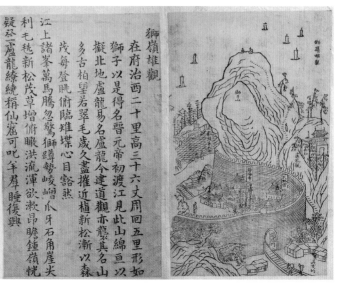

第十六景《狮岭雄观》中的仪凤门

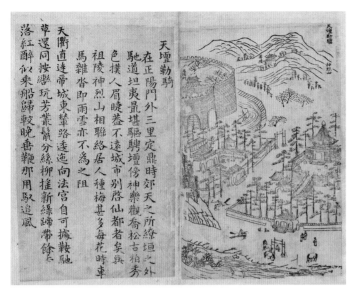

落紅醉似來船歸較晚香鞭那用駃追風
草還同按彎玩芳叢毻紛分絲柳搓新練蹄帶餘紅
天衢直連帝城東輦路逶迤向法宫

天壇勒騎 在正陽門外三里定鼎時郊天之所練垣之外馳道坦夷景堪驅騁壇傍神樂觀喬松古柏秀色撲人眉睫蓋不遠城市别啓仙都者矣與祖陵神烈山相聯絡居人種梅甚多每花時車馬雜沓即雨雪亦不為之阻

第二十景《天坛勒骑》中的正阳门

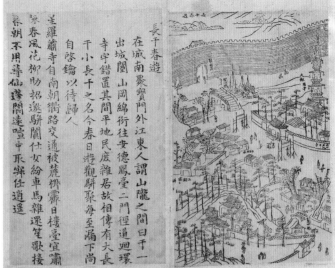

朝不用尋仙蓬閬遠喧中取樂任逍遙
源春風柳助招邀騈闐仕女紛來選笠歌接
皇羅綺寺自南朝衢路交通被麓桃霽日樓臺宜弔蒲
自啓鑰以待歸人
干小長千之名今春日游觀駢聚至漏下尚
寺宇錯置其間平地民庶雜居故相傳有大長
出城圍山岡綿衍往安德鳳臺二門徑道迴環
長干春游 在城南聚寶門外江東人謂山隴之間曰千一

第二十一景《长干春游》中的聚宝门

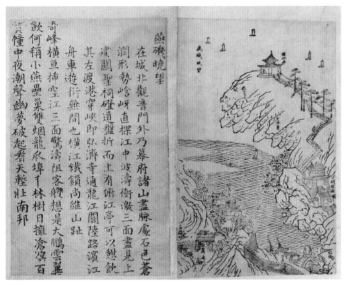

懂中夜潮聲幽夢破起看天輕壮南邦
飲何稱小燕壘巢欣埠千林樹日擁滄溟百
奇峰橫亘插空江三面驚濤阻客艫想是大鵬雲萬裏
舟車游衍無閒也橫江鐵鎖尚維山趾
其左渡港穿峽即弘濟寺通龍江關陸路濱江
建關聖祠磯道盤折而上有俯江亭可以觴飲
潤形勢崎嶇直探江中波壽衡激三面盡見上
燕磯曉望 在城北觀音門外乃幕府諸山盡脈慶石邑蒼

第二十二景《燕矶晓望》中的外郭观音门

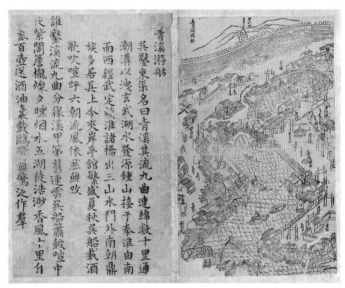

氤百罏送酒油裏戴鷗鷺無驚泛之作擎
紫閣簾櫳煖夕曛煙水五湖徒浩渺香風十里勻
誰驚溪流九曲分緣溪甲第運雲呉船簫皷喧
歌吹喧呼六朝流風依依燕舞吹
族多居其上今夾岸亭館繁盛夏秋呉船載酒
而西經武定橋諸橋出三山水門外南朝鼎
潮溝以洩玄武湖水發源鍾山接于秦淮由南
青溪游舫 呉鑿東渠名曰青溪其流九曲連綿數十里通

第三十一景《青溪游舫》中的城南青溪一带城墙

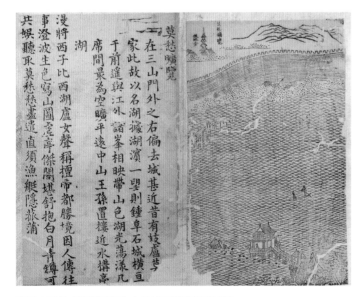

共娛聽取莫愁畫遺直須漁艇隱菰蒲
事澄波生色寫山圖窣亭傑閣堪舒抱白月青鐘可
漫將西子比西湖盧女聲稱擅帝都勝境因人傳往
湖
席間最為空曠平遠中山王孫置樓近水攢亭
于前進與江外諸峯相映帶山色湖光蕩漾几
家此故以名湖摟湖濱一望則鍾阜石城橫亘
莫愁曠覽 在三山門外之右偏去城甚近昔有妓盧莫愁

第三十四景《莫愁旷览》中的城西莫愁湖段城墙

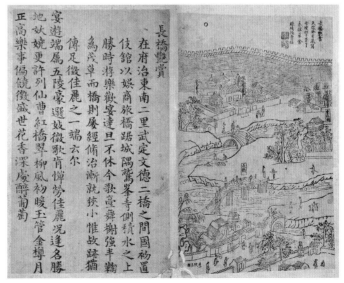

正高樂事偏饒微盛世花香深處醉葡萄
地妖姚更許列仙曹紅橋翠柳風初暖玉管金樽月
宴遊端屬五陵豪選妓微歌肯憚勞佳兒况逢名勝
為茂草而橋則屢經脩治斷就狹小惟故跡猶
勝時將樂歡宴達旦不休今歌童舞榭半鞠
佞館以娛商旅橋距城隔驚峯寺側積水之上
傳足微住處
長橋艷賞 在府治東南二里武定文德二橋之間國初置

第四十景《长桥艳赏》中的长桥一带城墙

正阳门

正阳门建于明洪武初年，坐北朝南，故称"正阳"。正阳门是明王朝的国门，与洪武门、承天门、端门、午门，以及象征皇权的三大殿——奉天殿、华盖殿、谨身殿一起位于南北中轴线上。

正阳门照片
Photo of Zhengyang Gate

民国时期（1912—1949 年）
纵 4.6、横 5.7 厘米

这张照片呈现了民国时期的正阳门，此时城楼已不存，城门保存基本完好。这一时期，正阳门改名为"光华门"，取"光复中华"之意。

通济门

通济门建成于明洪武中期，有三重内瓮城，平面呈船形，是明代十三座京城城门中占地面积最大的一座。

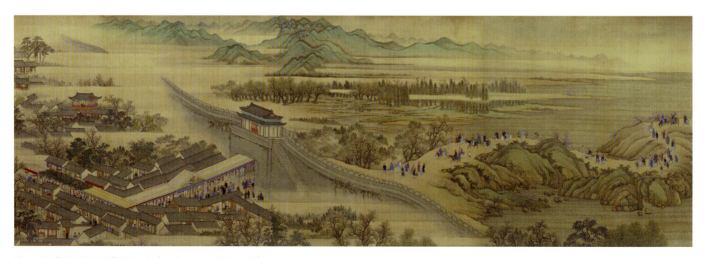

清 王翚《康熙南巡图》第十卷（局部，故宫博物院藏）
清康熙二十八年（1689年），康熙皇帝第二次南巡的队伍从通济门进入南京。

聚宝门

聚宝门是明代南京的正南门，地处城南交通咽喉，因正对聚宝山（今雨花台）而得名。这座城门始建于五代十国时期的杨吴天祐十四年（917 年），后为南唐都城的正南门。

聚宝门有三座内瓮城，平面呈长方形，东、西两侧有登城马道。瓮城设于城门内，一、二层共有 13 个藏兵洞，加上两侧马道下方 14 个藏兵洞，共计 27 个，增强了城门的防御能力。如今，城门及内瓮城砖石结构仍基本保存完好。

大报恩寺版画
Print of Grand Bao'en Temple

19 世纪中叶

纵 33、横 41.5 厘米

这张钢雕刻版画，由中央的一幅主画面和周围的七个画面组成，线条精美，周围画面描绘了广州、澳门等地场景，正中画面为大报恩寺，画面上九层宝塔清晰可见。画面下方有"Der Porzellanthurm zu Nanking"字样，即"南京的瓷塔"。

聚宝门外的大报恩寺始建于明永乐年间，其琉璃塔自 17 世纪开始便名扬海外，成为西方人眼中中国的标志性建筑，留下了诸多描绘其建筑的作品，这幅版画便是其中之一。

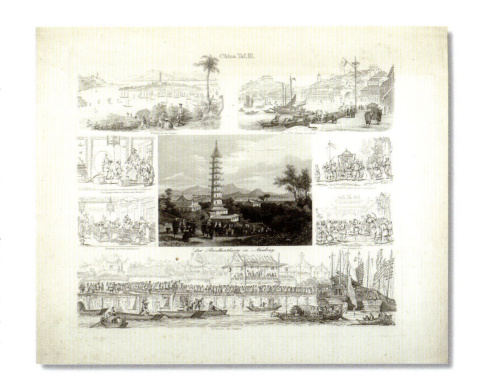

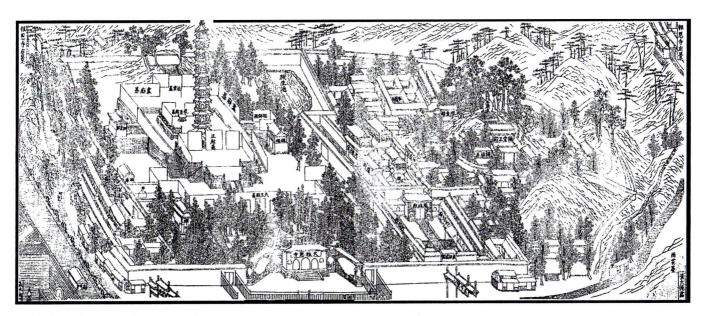

明《金陵梵刹志》中的聚宝门与大报恩寺

龙纹琉璃砖

大报恩寺琉璃砖
|___ Glazed Bricks from Grand Bao'en Temple _____

明（1368—1644 年）

二件

龙纹琉璃砖：长 51、宽 40、厚 41 厘米

飞羊纹琉璃砖：长 45、宽 38、厚 39 厘米

南京市赛虹桥考古工地出土

南京市博物馆藏

　　这两件琉璃砖均为大报恩寺建筑构件，用于修建宝
塔拱门。其中龙纹砖呈扇形，龙圆目长角，口衔莲花，
下颚长须，背部有鳍，花叶形尾，强劲有力。飞羊纹砖
呈长方形，飞羊双肋生翅，前蹄腾起，动态鲜明。

　　两件琉璃砖主体纹饰皆以黄、绿釉为主，部分施白釉、
黑釉，色彩丰富鲜艳，因釉层较厚，整体流光溢彩，明
丽生动。琉璃砖自北魏以来一直是最高等级的建筑材料，
为皇家建筑专属。而大报恩寺据记载是明成祖朱棣为纪
念其母马皇后而修建。大报恩寺琉璃塔使用的大量琉璃
砖，正体现出它与皇家的密切关系。

飞羊纹琉璃砖

三山门

　　三山门原址为南唐龙光门，自南唐至宋元时期一直沿用，也称作水西门、下水门。明洪武初年，直接沿用原有的城门。洪武十九年（1386 年），重建城门，并定名三山门。

　　三山门有三座内瓮城，平面呈船形。

三山门明信片
Postcard of Sanshan Gate

民国时期（1912—1949 年）
纵 9、横 14 厘米

　　这张明信片描绘了民国时期的三山门，其时城楼已残破。

石城门

　　石城门位于南京城西，南唐时，这座城门名为大西门。明代改建后，因可遥望石头城，故定名为石城门。

　　石城门有两座内瓮城，平面呈船形。如今，城门及东侧、南侧的部分瓮城墙体保存完好。

清《康熙南巡图》第十一卷中的三山门与石城门（局部，故宫博物院藏）

清凉门

清凉门建成于明洪武初年，洪武十二年（1379年）改名为清江门。洪武二十八年（1395年），重新改为清凉门。

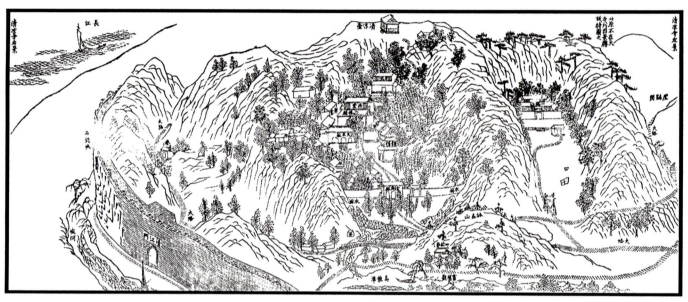

明《金陵梵刹志》中的清凉门段城墙

定淮门

定淮门修建于明洪武初年，因临近城内的马鞍山，故名马鞍门，是一座单孔券门。洪武七年（1374年），改名为定淮门。因城门临近外秦淮河，"定淮"有求稳定之意。

郑和下西洋时，船队从宝船厂出发，定淮门是通往宝船厂的要道。

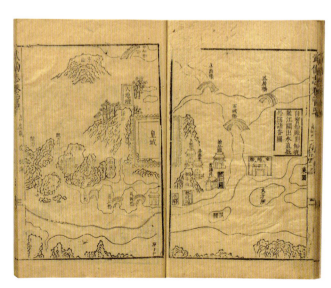

明 茅元仪《武备志》之《郑和航海图》中的宝船厂

仪凤门

仪凤门修建于明洪武十七年（1384 年），位于狮子山南麓，临近长江。清末，两江总督张之洞主持建造了以总督衙门为中心的江宁马路，从仪凤门通往下关。1971 年，为修建建宁路，仪凤门被拆除。2005 年，在城门原址上重建了城门，仍沿用"仪凤门"旧名。

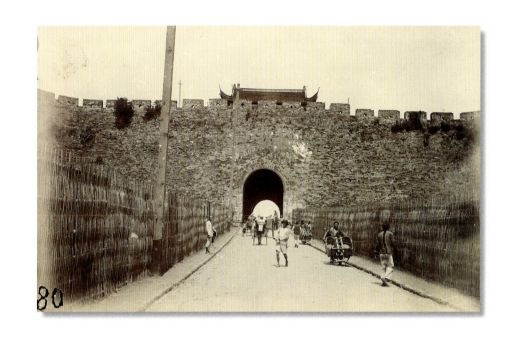

仪凤门照片
Photo of Yifeng Gate

清末期

纵 9.7、横 14.3 厘米

这张照片展现了清末仪凤门外侧的景象，此时城楼仍存。

明《金陵梵刹志》中的仪凤门

惠民桥照片

清末期

纵 10.6、横 13.5 厘米

　　这张照片展现了清末仪凤门外的惠民桥，远处可见狮子山和仪凤门的城楼。惠民桥临近下关码头，交通繁忙，是进出仪凤门的重要通道。

DRAWBRIDGE CONNECTING WHARF AND CITY, NANKIN.

钟阜门

钟阜门建成于明洪武初年，位于狮子山下，是一座单孔券门，初名东门。洪武十一年（1378年），因城门遥对钟山，更名为钟阜门。

清 徐藻《金陵四十八景》之《钟阜晴云》

金川门

金川门建于明洪武初年，是一座单孔券门，因金川河由此出城而得名。清光绪三十四年（1908年）一月，宁省铁路全线通车，由金川门入城，改善了南京城南北的交通状况。

20世纪30年代的金川门和城门内铁轨

金川门火车相关档案（南京市档案馆藏）

神策门

神策门修筑于明洪武初年，城门名称源于明代驻扎此门的禁军"神策卫"。神策门外设一道外瓮城，瓮城设有两座城门，其形制在南京各城门中独有。神策门的城楼于清光绪十八年（1892年）九月仿淮安府城楼重建，是清代重建的城楼中唯一留存至今的。

民国时期的神策门

太平门

85.—The Tower at Tai Ping Mên, Nanking, After the Bombardment 江宁太平门被楼军民蠹毁之状

清代重建的太平门城楼

太平门建于明洪武初年，是一座单孔券门。其位于钟山的西南麓，是城东北通向城内最近的通道，因此成为历代兵家必争之地。清同治三年（1864年），清军从太平门东侧的龙脖子段城墙攻入太平天国占领的南京。宣统三年（1911年），辛亥革命中江浙联军从太平门攻入南京。

南京城墙龙脖子段照片
Photo of "Dragon's Neck" Section of Nanjing City Wall

民国时期（1912—1949 年）
纵 21.7、横 28.2 厘米

　　这张照片展现了太平门以东的一段城墙，长约 1340 米，外侧没有护城河，俗称"龙脖子"。

　　南京城墙东倚钟山，被视作"龙脉"，太平门东侧城墙正位于"龙"的颈部。传说当年修建城墙时，担心开山造河会切断"龙脖子"，因此没有开挖护城河，留下了南京京城唯一一段没有护城河的城墙。

朝阳门

　　朝阳门建于明洪武初年，是明朝十三座城门中唯一的东大门。因城门靠近明故宫，且方位朝东，故定名为"朝阳"。民国时期，朝阳门改名为中山门，外瓮城被拆除，改筑为一座三孔券门。

朝阳门照片
Photo of Chaoyang Gate

清末期

纵 6.6、横 11.2 厘米

　　在这张清末的照片上，人们正要从朝阳门进城。清同治四年（1865 年），朝阳门外增建了一座外瓮城，这张照片上可以看到此外瓮城，其东侧开有一座城门。城楼亦为清代重建。

明孝陵神道武将翁仲石像照片
Photo of General Wengzhong's Stone Statue in the Sacred Way
of The Ming Tomb

清光绪十四年（1888 年）

纵 21.7、横 27.6 厘米

照片中为明孝陵神道，两侧武将翁仲身披甲胄，手执金吾，腰佩宝剑，雄壮威武。照片左下角有"1888 Pow Kee Photographer Nanking 皇陵"字样。

朝阳门是连接明故宫和明孝陵的通道，皇帝大臣皆由这座城门出城，前往明孝陵祭祀。

民国时期朝阳门上的挂钟

日本精工舍大挂钟
Japanese Seikosha Wall Clock

民国时期（1912—1949 年）
钟面直径 51 厘米

　　此件挂钟保存完好，钟面印有"SEIKOSHA"字样，外框木质。根据存世照片资料可知，民国时期朝阳门上设有挂钟，此件挂钟与朝阳门的挂钟属同一类型。

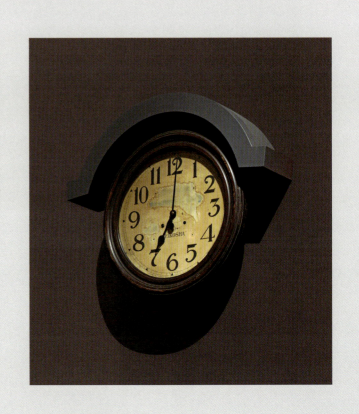

　　1925 年 3 月 12 日，孙中山先生在北京病逝，遵照他的生前遗愿，安葬于南京。
1928 年，为迎接孙中山先生灵柩归葬中山陵，朝阳门改名为中山门。1929 年 6 月
1 日，举行奉安大典，孙中山先生灵柩由挹江门进入南京，经中山东路，由中山门
出城，前往中山陵。

中山陵照片
Photo of Sun Yat-sen's Mausoleum

民国时期（1912—1949 年）
纵 8.1、横 10.5 厘米

　　这张照片展现了中山陵的主体建筑——祭堂。祭堂呈中轴对称，位于整个陵寝的制高点，
海拔 158 米，平台东西宽 137 米，南北深 38 米。祭堂有三座拱门，拱门上分别题有三民主
义的"民族""民生""民权"三词，中门上悬挂有"天地正气"匾额。

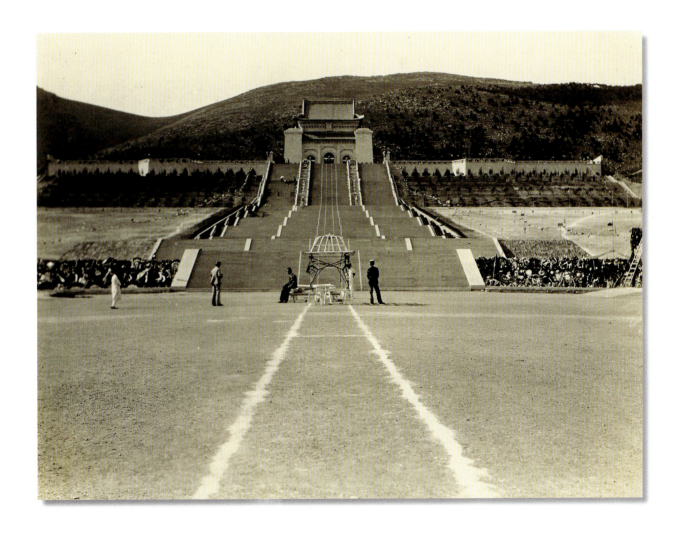

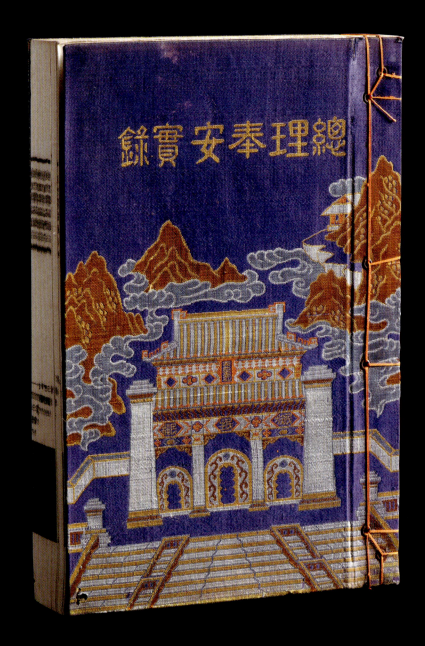

《**总理奉安实录**》

Record of Prime Minister Sun Yat-sen's Funeral Ceremony

1929 年

纵 35、横 24、厚 4.5 厘米

（四十八）門山中出觀靈

（六十六）八列行之安奉

　　本书于 1929 年奉安大典后发行，当时共发行 543 册。纸本线装，开本宏阔，厚重大气，封面、封底皆为蓝底织锦，为南京云锦手工织绣。封面主题图案为中山陵祭堂，祭堂中门顶端织有孙中山手书的"天地正气"，三拱门顶额分别织有"民族""民权""民生"。本书分照片、记述、专载、附录四大类，详细介绍了中山先生生平履历，以及先生病逝后筹备葬礼和奉安大典的整个过程，并收录大量举行国葬时的珍贵照片，是研究孙中山先生奉安大典的珍贵史料。

　　书中有两张奉安队列从中山门出城的珍贵照片，与南京城墙关系密切。

中山路上沿途景象

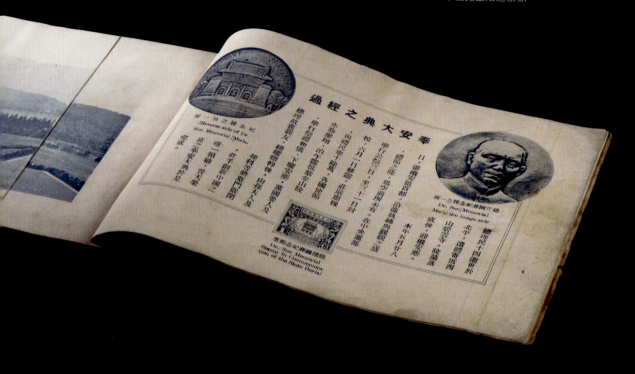

《奉安大典写真》

Photos of Sun Yat-sen's Funeral Ceremony

1929 年
纵 18.5、横 26.5、厚 0.5 厘米

　　本书收录了孙中山先生灵柩从北京出发，抵达南京沿途的照片纪实，其中包含奉安队伍进入南京后，经中山路穿过南京城区的沿途景象。

奉安大典纪念章

Souvenir Badge of Sun Yat-sen's Funeral Ceremony

1929 年

直径 7.6、厚 0.4 厘米

　　黄铜质地。正面为孙中山先生的浮雕头像，背面图案为中山陵祭堂，上方铸印吴敬恒篆书"孙中山先生安葬纪念""中华民国十八年三月十二日"字样。侧边铸有纪念章制造公司的名称（MEDALIICART CO.NY）和编号，本纪念章编号为 4419。

　　奉安大典纪念章由美国著名雕刻家爱迪肯制模，1929 年 1 月国民政府驻美公使伍朝枢向纽约徽美艺公司定铸，于 1929 年 3 月发行。据《总理奉安实录》记载，此枚纪念章在奉安大典结束后，赠予参加大典的党政军界、民众团体、社会名流、海外华侨各方面代表，以及外国专使和贵宾，以作纪念。

孙中山总理国葬纪念邮票

Commemorative Stamp of Prime Minister Sun Yat-sen's State Funeral Ceremony

1929 年

纵 2.7、横 3.4 厘米

　　纪念邮票主图为中山陵祭堂，两边衬有嘉禾，图案上方为中文"中华民国邮政"，下方为英文"REPUBLIC OF CHINA"。该套邮票于 1929 年 5 月 30 日发行，是第一套纪念孙中山的邮票。

　　该套邮票为雕刻版印刷，凹版印制。当时印发了 5 万套，全套邮票共 4 枚，面值分别为 1 分（黄色）、4 分（绿色）、1 角（蓝色）、1 元（红色）。此邮票为邮资 1 分款。

► 明代以后新建城门

    自明初城墙建成之后，随着城市的发展、城墙功能的演变，城门的新筑一直持续，从清代修建的草场门、丰润门，到民国时期修建的新民门、汉中门、挹江门等，再到 1949 年后修建的解放门，记载着六百五十余年的岁月沉浮。

丰润门

    丰润门修建于清宣统元年（1909 年）。是年六月，为便于参加南洋劝业会的人们游览玄武湖，在玄武湖畔的城墙上开辟了一座城门。时任两江总督的张人骏主持修筑了这座城门，因张人骏是丰润人，故命名为丰润门。

    1928 年，国民政府拆除丰润门，改筑为一座三孔券门。因城门紧邻玄武湖，故命名为玄武门。

清末丰润门

《南京和南洋劝业会指南》（英文版）

Guide to Nanking and the Nanyang Industrial Exposition（English Version）

清宣统二年（1910 年）

纵 22、横 14、厚 0.8 厘米

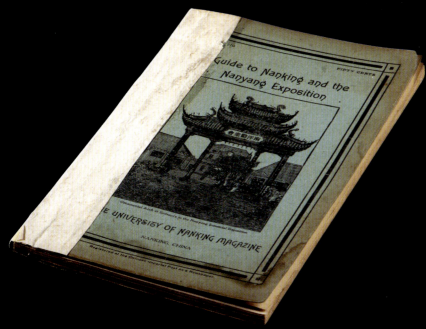

此为英文版《南京和南洋劝业会指南》，向世界各地的游览者介绍了南京的风景名胜，明故宫的午门、内五龙桥，以及东水关等南京城墙景点也列入其中。

南洋劝业会于 1910 年 6 月 5 日开幕，主会场设在南京丁家桥、三牌楼、玄武门一带，占地 700 余亩。所设展览馆有教育馆、工艺馆、农业馆、美术馆等，各省自建陈列馆共十余座，还设有暨南馆展出华侨产品，参考馆展出海外产品。会场建筑风格各异，设有牌楼、喷水池、纪念塔等，外围设有轻便铁路，以便游人参观游览。从当时发行的英文游览指南可知，南洋劝业会不仅促进了商业的繁荣，也吸引了大量来自中外各地的参观者，带动了南京的旅游业。

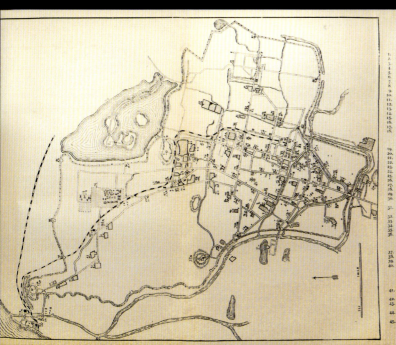

《南洋劝业会纪念册》

Nanyang Industrial Exposition Commemoration Book

清宣统二年（1910 年）

二册

纵 24、横 32、厚 0.5 厘米

　　此为《南洋劝业会纪念册》第一辑和第三辑。

　　《南洋劝业会纪念册》第一辑主要收录了南洋劝业会开幕的盛况，包含端方、张謇等主要策划人照片，开幕典礼照片，会场平面图，会场正门照片，以及教育馆、工艺馆、美术馆、参考馆等展览馆照片。第三辑主要收录了直隶馆、广东馆、福建馆、浙江馆等地方展馆，以及金陵缎业别馆等专门馆的照片。

　　南洋劝业会是中国历史上第一次以官方名义主办的全国性商品博览会，历时近半年，吸引了超过三十万观展者，展出展品上百万件，最后从中选出了五千余件获奖展品，并颁发奖牌。这是 20 世纪初中国社会经济水平的一次集中展示，也拓宽了商品销路，推动了全国范围内的商品流通，对近代中国社会产生了深远影响。

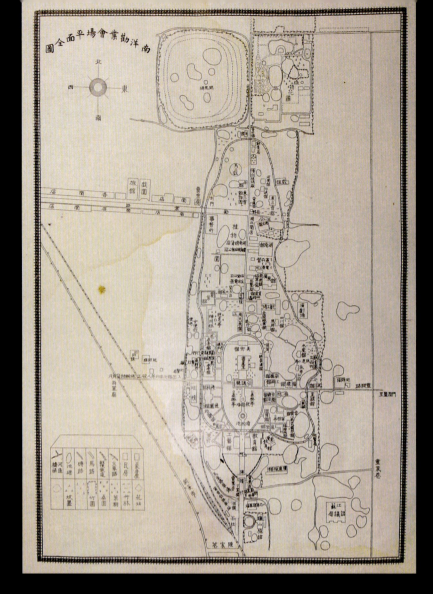

Pilao. 牌樓

The Kiangnan Arsenal Exhibits Building 陳 列 館

汉中门

汉中门于 1931 年开辟，1934 年建成，是一座单孔过梁式西式牌坊城门，因位于汉中路而得名。

石城门与汉中门明信片
Postcard of Shicheng Gate and Hanzhong Gate

民国时期（1912—1949 年）

纵 9、横 14 厘米

　　此明信片画面右侧为明代的石城门，左侧为民国时期新建的汉中门。民国时期新建的城门，部分采取了和传统拱券门不同的形制。明信片上，两种不同制式的城门相映成趣。

挹江门

1914 年，为开辟新街市，繁荣下关码头沿岸，政府计划在仪凤门南侧新开设一座城门。城门于次年建成，是一座单孔券门，因主持修造的江苏省民政长韩国钧是泰州人，泰州古称"海陵"，故被命名为海陵门。1928 年，海陵门改名挹江门。1929 年，为迎接孙中山先生灵榇奉安钟山，挹江门被改筑为三孔券门。

1949 年解放军从挹江门入城

挹江门明信片
Postcard of Yijiang Gate

民国时期（1912—1949 年）
纵 9、横 14 厘米

这张明信片展现了已改筑为三孔券门的挹江门的面貌。此时，挹江门城楼在南京保卫战中遭到破坏，尚未修复。

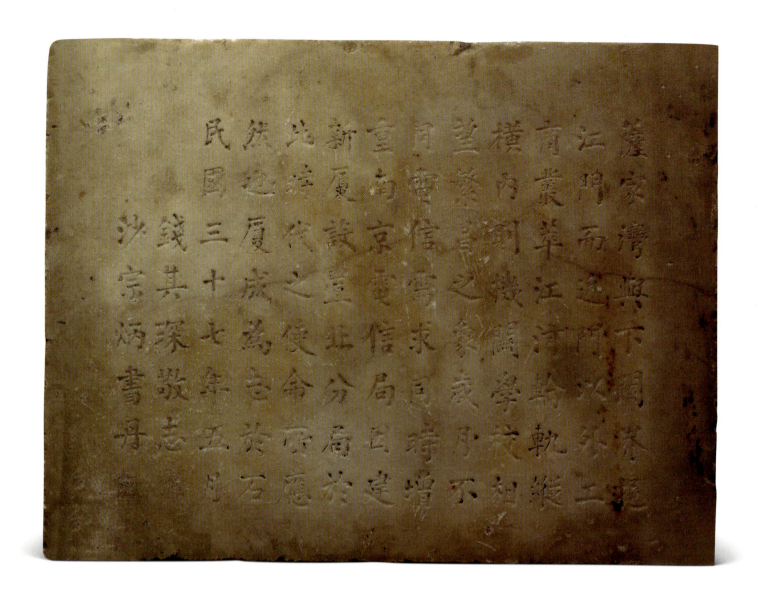

碑文：

　　萨家湾与下关界挹江门，而近门以外工商业萃，江河轮轨纵横，内则机关学校相望，繁昌之象岁月不同，电信需求同时增重。南京电信局因建新厦，设置北分局于此，时代之使命所应然也。厦成，为志于石。

民国三十七年五月

钱其琛敬志

沙宗炳书丹

南京电信局竣工石碑
Stone Tablet for the Completion of Nanjing Telecom Bureau

1948 年

长 62、宽 46、厚 9.5 厘米

南京市下关地区出土

　　此石碑碑文由电信总局局长钱其琛撰文，书画家沙宗炳题写，记载了 1948 年，为满足南京日益增加的电信需求，在挹江门附近建设南京电信局北分局一事。濒临长江的地理位置，让挹江门成为沟通城内外交通的重要节点，带动了周边地区的繁荣。民国时期，挹江门外工商业发达，城门内机关学校密集。此石碑即体现了这一繁华景象。

外 郭

　　外郭是南京四重城垣中最外一重城墙，始建于明洪武二十三年（1390年），次年基本成形。外郭全长约60千米，合围面积230平方千米，外郭西北靠近长江，将幕府山等江防高地悉收郭墙内，扩大了南京城墙的军事防御范围。

　　外郭墙体主要为土筑，在城门附近以及一些重要地段，使用条石和城砖包筑。虽然现在外郭城墙与城门均已无存，但在城市中依然能找到部分遗迹。2018年，城墙中心联合南京大学文化与自然遗产研究所，对外郭遗址开展考古调查，基本探明外郭基本走向与周围环境。外郭城墙大部分作为燕西线路基使用，墙体基础保存完好。部分城门的名字作为地名保留了下来，如仙鹤门、麒麟门、沧波门等。

佛宁门遗址内侧夯土与外侧包砌条石

明代外郭城门与城市功能分区示意图

城濠一体

南京地处江南，纵横交错的水系组成了城濠一体的城墙防御体系。在城墙和城市的建设中，人们又反过来对城内外水系进行利用和改造，共同将南京打造为城与水相依相生的面貌。

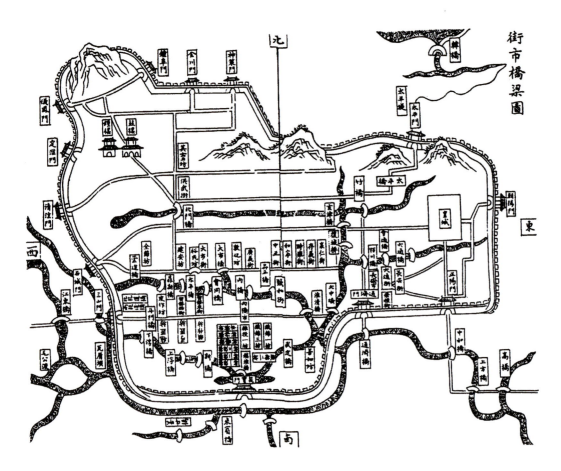

明《洪武京城图志》之
《街市桥梁图》

► 京城护城河

　　京城的护城河充分利用南京周边的自然水系，如城东北的玄武湖、城北的金川河和城西的秦淮河，并在已有的人工水道基础上，继续挖掘人工河，形成环绕城墙的护城河水系。

《南京名胜十六景》明信片之玄武湖
Postcard of Xuanwu Lake of Postcards Set on *Sixteen Views of Nanjing*

民国时期（1912—1949 年）

纵 9、横 42 厘米

　　此三连明信片，展示了作为南京名胜十六景之一的玄武湖。玄武湖位于南京东北，修建南京城墙时，以玄武湖作为京城东北天然的护城水系。明信片中可以看到玄武湖畔蜿蜒的城墙。

玄武湖画舫明信片
Postcard of Pleasure Boat on Xuanwu Lake

民国时期（1912—1949 年）

纵 9、横 14 厘米

此明信片展示了民国时期著名景点玄武湖的景象，湖上有画舫供人游湖赏景。

不知道为什么，我总觉得那城墙的线条，那城墙的色泽，跟玄武湖的湖光、紫金山覆舟山的山色配合在一起，非常调和，看来挺舒服，换个样儿就不够味儿了。

——叶圣陶《游了三个湖》

中華門外（南京）

中华门外秦淮河明信片
Postcard of Qinhuai River outside Zhonghua Gate

民国时期（1912—1949 年）

纵 9、横 14 厘米

　　这张明信片展现了民国时期城南外秦淮河的景象，河上船只往来，交通便利，一侧可见中华门段的城墙。

　　这段护城河的前身是开凿于五代时期武义年间（919—921 年）的杨吴城壕。明代，杨吴城壕被城墙分为两部分，位于城外的部分成为城南的外秦淮河。

► 皇城护城河

皇城护城河前身为杨吴城壕的城内部分，又称"金水河"。

The outer Five Dragons' Bridge, Ming Palace.　　　　外五龍橋

外五龙桥照片
Photo of Outer Five Dragons Bridges

民国时期（1912—1949 年）

纵 18.4、横 25.4 厘米

　　这张照片由著名历史学家朱偰拍摄，记录了民国时期外五龙桥的保存情况，此时石栏已不存，桥身保存完好。

　　外五龙桥位于承天门前，是明御河上的主要桥梁，沟通着御道南北。外五龙桥由五座石拱桥并排组成，长均为 11.4 米，宽分别为 4.7、5.6、8.25、5.8、7.8 米。20 世纪上半叶，桥身上修建了钢筋混凝土仿石栏，保留至今。

宫城护城河

宫城城墙四周环绕着人工开凿的护城河，因临近天子所居之地，故称"御河"，又称"玉带河"。

民国时期御河上的内五龙桥

城内水系

南京城内密布着内秦淮河、青溪等水系。丰饶的水系养育了这座城市，带来了便利的交通和繁荣的商业，提供了生活水源，也为城市增添了诸多美景。

内秦淮河明信片
Postcard of Inner Qinhuai River

民国时期（1912—1949年）
纵9、横14厘米

这张明信片上展现了沿内秦淮河南京夫子庙一带的繁荣景象。南京丰富的水系为居民提供了生活水源，形成了老城南繁荣的手工业与商业。

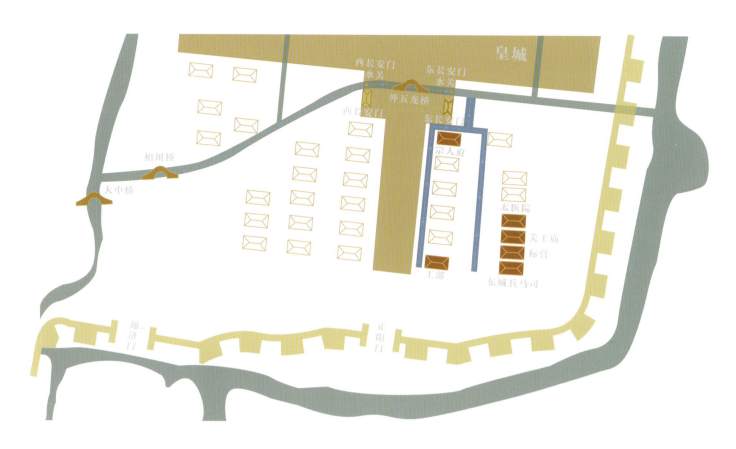

疏浚工程位置示意图

疏通沟渠碑（拓片）
Stele for Dredging Works (Rubbing)

现代

纵 223、横 100 厘米

　　此碑立于明万历四十年（1612 年），是秦淮河疏浚工程结束后，为警示后人所立，碑文为阴刻楷书，计 350 余字。原立于宗人府后，后移至宫城午门北侧，现位于午门公园内，碑额已损坏，碑身上端有凸出的榫头。

　　南京城内各水系均与秦淮河相连，这条河流为南京带来了便利的交通和繁荣的商业，但一旦秦淮河淤塞，也很容易造成内涝。加上南京气候湿润，夏季多雨，易发生水患。

　　万历三十六年（1608 年），由于河道被淤泥堵塞，无法正常排水，导致皇城遭受水患。万历四十年，为治理水患，工部下设掌管水利工程的都水清吏司，对皇城东南一段护城河进行疏浚。这次疏浚工程中，在皇城的东长安门水关外发现一处沟洞，经清理淤泥和挖掘，使其连通至宗人府后。此后，遇到大雨，工部、东城兵马司、太医院一带的积水均可经此流进东长安门外水池，由东长安门水关进入，经五龙桥河，出西长安门水关，经过柏（百）川桥、大中桥流出，从而缓解了东南城区的洪涝问题。

碑文：

　　看得疏通沟渠，乃王政要务。除十三门内大小沟渠陆续疏通外，唯洪武冈以东，从工部门首下北，东城兵马司门首下北，标营、柳树湾、关王庙、太医院等处过西下北各沟向来不得下流之处，所以虽经疏浚，水仍不行。近从东长安门水关外水池细加阅看，得一沟洞，乃下流也。随为募夫于洞门口，掘去淤泥，进洞加功，直通至宗人府后。从此，工部门首、东城兵马司门首、标营、柳树湾、关王庙、太医院门首各沟之水，但遇大雨，遂顷刻俱流入东长安门下流水池。又从水池西进东长安门水关，从五龙桥河出西长安门水关，至百川桥、大中桥出江。以故洪武冈东各衙门及大小民居俱免淹湿之患。但恐日后官更吏改，偶失稽查，以致浚导少疏及居民任意作践，各沟易至淤塞，诸水不得从入下流，各地方仍受淹湿。为此碑立宗人府背后、砖砌总沟之前，使日后看官君子便于观览，相以巡查。

　　祖制：留心疏浚，及居民但有作践者，即行严加禁治，以尽防微杜渐之意。庶几今日一番行事，不为徒矣。

　　　　　　　　万历四十年九月初九日建立

水关涵闸

　　沿南京城墙，内外湖泊、河流的进出水处设有 20 余处涵闸，使城外的玄武湖、前湖、琵琶湖等与城内水系相连通，同时承担着城南、城北盆地的排水功能。

南京城墙水关涵闸分布示意图

铜水闸
Bronze Sluice

明（1368—1644 年）

单片长 130、宽 129、厚 19 厘米

南京市博物馆藏

　　闸门由上下两片组成，上片有五个凸起，下片对应位置有五个排水孔。两片铸件合拢时，上片的凸起与下片的排水孔严丝合缝，可阻断水流。水闸设于南京城墙沿线的河流入城处，通过绞关石启闭闸门，起控制水流的作用。

南京城墙涵管
Culverts of Nanjing City Wall

明（1368—1644 年）

铁涵管：高 81.5、直径 101 厘米

铜涵管：高 104、直径 96 厘米

南京市博物馆藏

铁涵管

铜涵管

均呈圆柱形，厚约 1.2 厘米。铜涵管外侧中部有一用于固定的凸起。

涵管多段组合后，接于沿城墙的水闸后方，用于引导水流。城墙下方有涵管处为砖券结构，以分担城墙和湖堤的重量，避免涵管受压破损。

◆ 东水关

　　东水关以五代时期上水门为基础拓建而成，兼具军事防御与水利功能。因位于秦淮河入城处，临近通济门，又称上水关、通济水关。

　　东水关是秦淮河流入南京城区的入口，秦淮河水在这里一分为二，一股顺城墙外侧流淌，成为护城河，又称外秦淮河；一股穿关入城，成为内秦淮河。

东水关照片
Photo of East Water Gate

清光绪十四年（1888 年）
纵 22.1、横 27.5 厘米

这张照片呈现了晚清时期东水关的面貌。东水关整体由砖石砌筑，上下三层，共有 33 个券洞。上面两层券洞向城外一侧封堵，以增强防御能力。最下面一层 11 个涵洞进水，每个涵洞设有三道门，前后两道栅栏门防止敌人潜水进城，中间一道闸门用来控制进城水量。照片上有"藏军洞"字样，指东水关上两层的券洞。

东水关石碑（残件）

Stele of East Water Gate（Remnant）

清（1644—1911 年）

残长 34、残宽 22、厚 22 厘米

　　此石碑原位于东水关，上下均有残缺。碑文记录了清代东水关水闸启闭等相关管理措施，如"十月十五日起闭闸""三月初一启放"等，是了解清代东水关水闸管理的重要实物资料。

　　东水关是调节南京城市用水的重要水关。从水系调控角度来看，东水关的功能主要有两项：一是引水调水，东水关引秦淮河入城，可维持城内河道水位，保证城内水运交通、生产生活等用水；二是防洪排涝，当秦淮河洪水来袭时，可关闭水关避免冲击，当城内积水时，可打开水关使其排向护城河。

碑文：

□□冬令为水落之时城□□

□□十月十五日起闭闸至□□

□□无大碍甚属允治候□□

□□给口粮现在既蒙□□

□□禀禁办理既需时日□□

□□理按期启闭以期呼□□

□□现据江宁府县详已遵□□

□□闸三月启闸之时善后已□□

□□远遵守候即札饬遵照□□

□□因到局奉此合行转饬□□

□□石永远遵守仍由府申□□

□□遵照暨分别申复外合□□

□□闸三月初一日启放其闭闸□□

□□随时查明禀请惩办□□

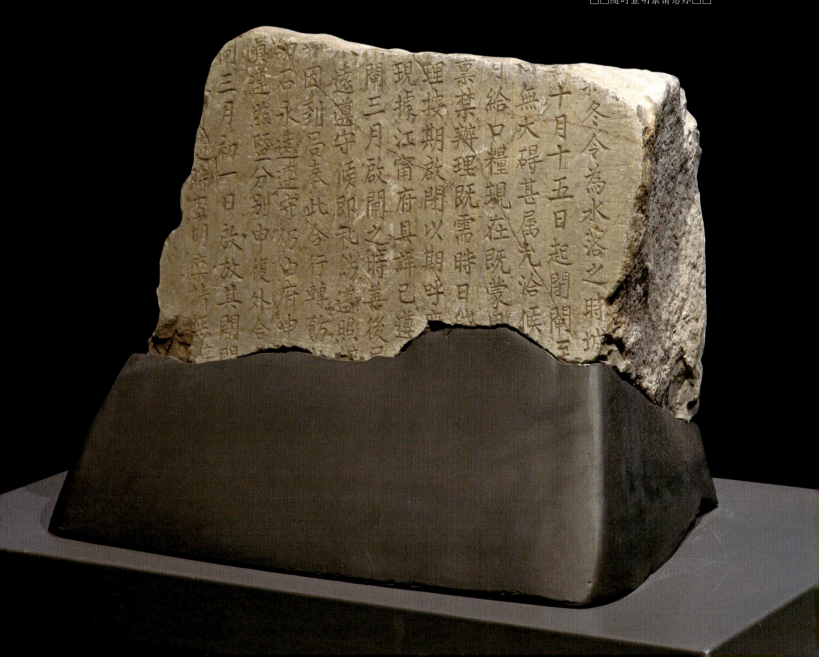

◆ 西水关

西水关始建于南唐，旧称下水门，李白诗中"朝沽金陵酒，歌吹孙楚楼"，描绘的便是西水关一带。西水关位于内外秦淮河交汇处，明清至民国时期，西水关一带一直是南京城重要的商贸区域。

明初，朱元璋在邻近西水关的三山门外濒水处建房屋，供商人存放货物，称为"榻房"。晚清时期，西水关内设置了江南铸造银元制钱总局。民国时期，制钱总局改建为南京造币厂，负责管理西水关，调节秦淮河水量。

民国时期的西水关内侧

东水关和西水关，分别设置在内秦淮河东西两侧城墙上，外秦淮河从东水关进城，穿过古城，从西水关出城。东水关可以保持内秦淮河水位高度，并为内秦淮河补充新水源，保障水质，西水关则防止长江水倒流入内秦淮河。

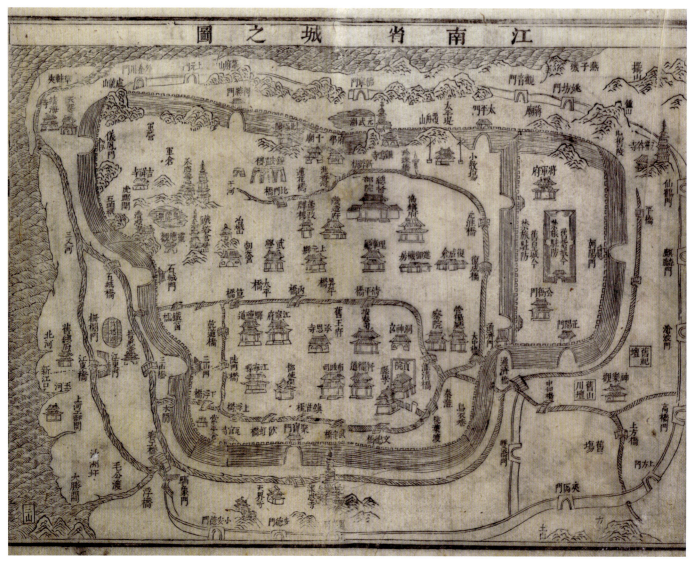

清《乾隆江南通志》中的东水关和西水关

石井栏
Stone Well Baluster

明（1368—1644 年）
高 60、外径 65、内径 46 厘米
南京城墙西水关附近发现

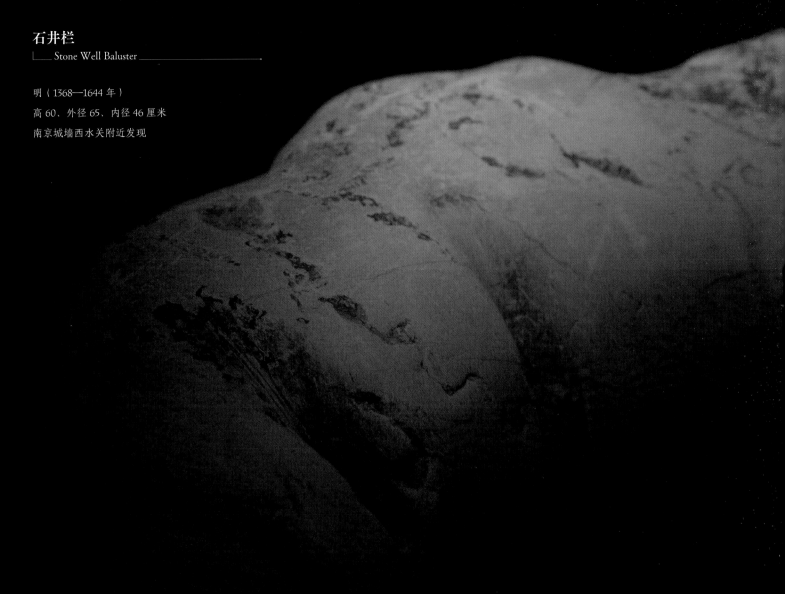

井口呈圆形，内侧有使用绳索的痕迹，可推想当年供西水关一带市民生活取水的情景。

西水关附近交通便利，是南京重要的商贸往来中心，商业繁荣，酒肆林立，人气兴旺。此石井栏见证了明代城南一带的市井繁华。

"老江南"银元   "戊戌"纪年银元   "己亥"纪年银元

江南省造银元一组
Silver Coins Made by Jiangnan Province

清光绪二十三年至三十一年（1897—1905 年）

九枚

直径 3.9 厘米

　　这组银元由光绪二十二年（1896 年）两江总督设立于西水关内的江南铸造银元制钱总局铸造，分别发行于光绪二十三年至三十一年。银元正面有"江南省造"字样，反面皆饰龙纹。

　　江南铸造银元制钱总局于光绪二十三年首批开铸的银元无纪年，仅有"光绪元宝"字样，俗称"老江南"。自光绪二十四年（1898 年）开始，江南银元厂铸造的银元增加了干支纪年，是我国最早的干支纪年银币。从"戊戌"到"乙巳"，共计八种，又称"新江南"。

　　江南铸造银元制钱总局是我国早期机器制造银币的先驱，铸造了最早成系列的镌干支纪年的银币、第一套以"圆"为单位的纪值币、第一件纪念金币等，在我国钱币铸造史上具有重要地位。这一组银元见证了清末铸币的盛况和当年西水关的繁盛。

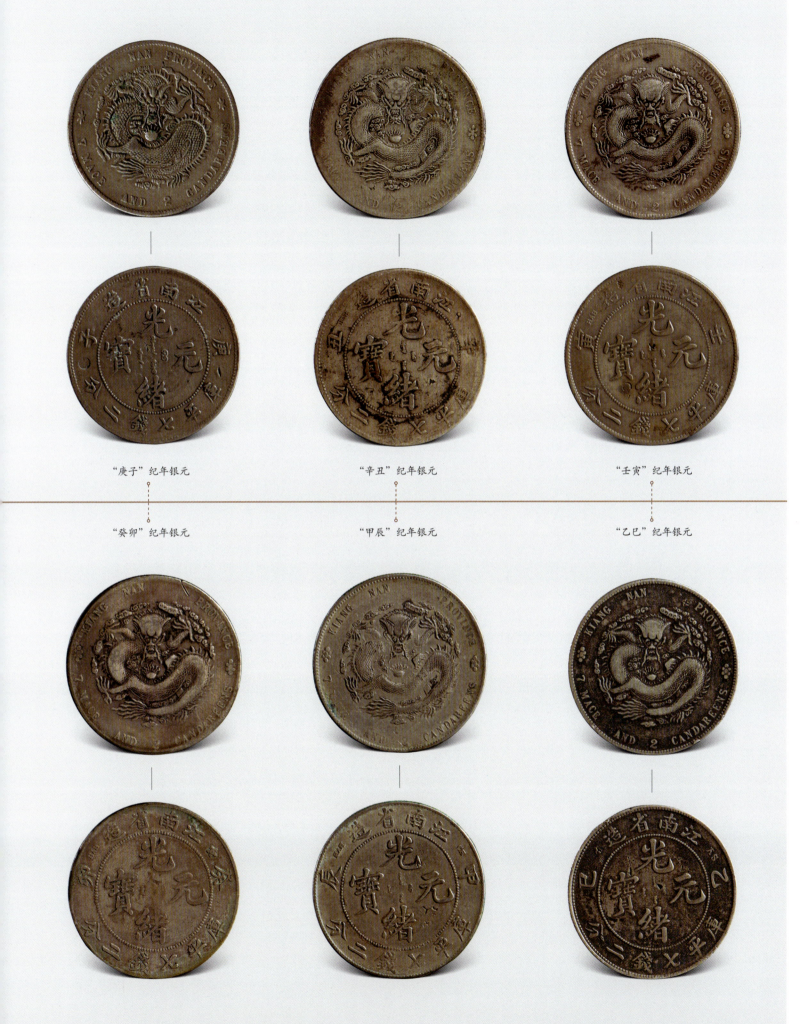

"庚子"纪年银元　　　　　　"辛丑"纪年银元　　　　　　"壬寅"纪年银元

"癸卯"纪年银元　　　　　　"甲辰"纪年银元　　　　　　"乙巳"纪年银元

江南铸币厂汇报电文
Report Telegram of Jiangnan Mint

1913 年
纵 28、横 42.5 厘米

　　此电文由江南铸币厂厂长发往财政部总次长，内容为汇报修理机器、开工铸造钱币等事宜。

　　民国时期，江南铸造银元制钱总局改为江南铸币厂，至 1926 年，一直负责西水关的管理与修缮。

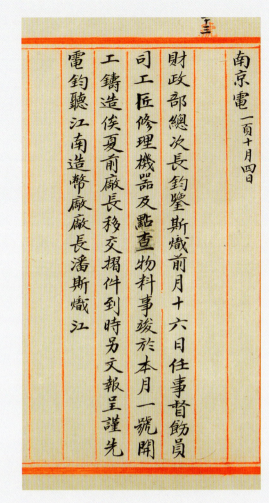

清《金陵义举合祀图》（局部）

第四单元

战火洗礼　城垣沧桑

筑城始于防御，墙为防御之本，管仲提出"地之守在城，城之守在兵，兵之守在人，人之守在粟"，与朱升向朱元璋所荐"高筑墙，广积粮，缓称王"不谋而合。战争中的攻与防就如同一个旋转硬币的两面，在斗争中统一。武器是矛，筑城为盾，攻必利其器，守必固其盾。矛的发展，决定盾的形式，而盾的增强，又促使矛的改进，武器与筑城相辅相成。南京城墙修筑之始，已进入冷热兵器共存的时代，朱元璋也正是凭借优良的火器装备在元末乱世群雄并起中脱颖而出，将防御与兵器共建，筑以高墙，制以火器。高城深池不断抵御战火，城墙内孜孜不倦铸造火器，六百五十余年，南京城墙见证了政权的更迭和武器的创新。

明代南京城墙军事防御

　　南京明城墙，随明王朝的兴起而修筑，它依据山形水势，由高大坚固的墙体、复杂的结构、完善的守备系统共同组成了南京城的坚固屏障，为明王朝的统治者巩固着一国之都城，也守护着城内百姓的安宁。

━ 元末明初

　　元末明初，战火纷飞，硝烟四起，极大促进了火器的发展。以火铳为主的火器，在元末明初朱元璋与张士诚、陈友谅对峙的数次战役中发挥了重要作用，为朱元璋取得战争胜利，建立明王朝奠定了重要基础。

清《明太祖功臣图》中的徐达与康茂才

铜火铳

Bronze Blunderbuss

元末明初

通长 65 厘米，铳口内径 7.5、外径 9 厘米，药室直径 12 厘米，铳尾内径 6、
外径 8.5 厘米

由前膛、药室和尾銎三部分组成。器身厚重，包含铜质
炮弹 47.5 枚，表面粗糙，铳身无文字。药室呈灯笼状，上有
一孔作为火门，通过火捻可点燃火药，从制作工艺推断为元
末明初时期铸造。

火铳是对金属管形射击火器的统称，发明于元朝，是
我国火器发展的里程碑。火铳一词最早出现在《元史》卷
一四五《达礼麻识理传》中，元至正二十四年（1364 年）达
礼麻识理为抵御勃罗帖木儿进攻大都，将"火铳什伍相联，
直布列铁幡竿下"。

"大同路录事司造"铭文铜火铳

Bronze Blunderbuss with Inscription of "Made by Lushisi of Datonglu"

元（1271—1368 年）

通长 31 厘米，铳口内径 3、外径 4 厘米，药室直径 5.4 厘米，
铳尾内径 2.5、外径 4.5 厘米

　　由前膛、药室和尾銎三部分组成，铳身有四道箍，
分别位于铳口、药室前后和铳尾处。前膛镌刻铭文"大
同路录事司造"，由此可知火铳铸造地点，大同路为元
代行政区名，隶属于最高行政机构中书省，辖区相当于
今山西省大同市等地。

"后"铭文铜碗口铳

Bronze Blunderbuss with a Bowl-shaped Muzzle and Inscription of "Hou"

明（1368—1644 年）

通长 37 厘米，铳口内径 11.5、外径 14.5 厘米，药室直径 10 厘米，铳尾直径 7.5 厘米

由前膛、药室、尾銎三部分组成。形体粗短，铳口宽于铳身，口径较大，可容较大的弹丸，铳长为口径的三倍左右，铳身有四道箍，药室前部镌有铭文"后"。

碗口铳创制于元末明初，因铳口像碗而得名，碗形铳口经前膛与扁鼓形药室相连，药室壁开有火门，供安插火线用。药室后面是短而宽大的铳尾，铳尾壁开有一对方孔，上安插销，可将碗口铳安于架上发射。作为一种大口径火器，碗口铳广泛应用于水战中，也可用于城防，杀伤力较大，是明初军中较为重型的火器。

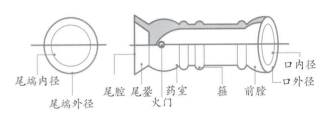

尾端内径　尾腔　尾銎　药室　箍　前膛　口内径口外径
尾端外径　　　火门

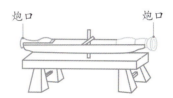

炮口　　　炮口

碗口铳使用示意图

◆ 龙湾之战

　　元末，天下大乱，各路起义军逐渐形成自己的势力范围。南方形成三股胶着势力，分别为占据两湖和江西的陈友谅、占领浙江大部的张士诚和居于二者之间、坐镇应天府的朱元璋。为巩固自身势力、隐藏实力，朱元璋秉持"高筑墙、广积粮、缓称王"的国策，在宋元建康府城基础上，修筑沿长江的防御工事，并沿江修建了龙湾和虎口两座城池。

　　元至正二十年（1360 年）夏，陈友谅率大军顺江而下，兵临应天府。朱元璋令陈友谅的故友康茂才写信，诱导陈友谅挥师东下至江东桥。陈军发现中计后匆忙折返，在龙湾登陆，朱元璋军在幕府山设伏兵，里应外合，夹击陈军，大获全胜，史称"龙湾之战"。

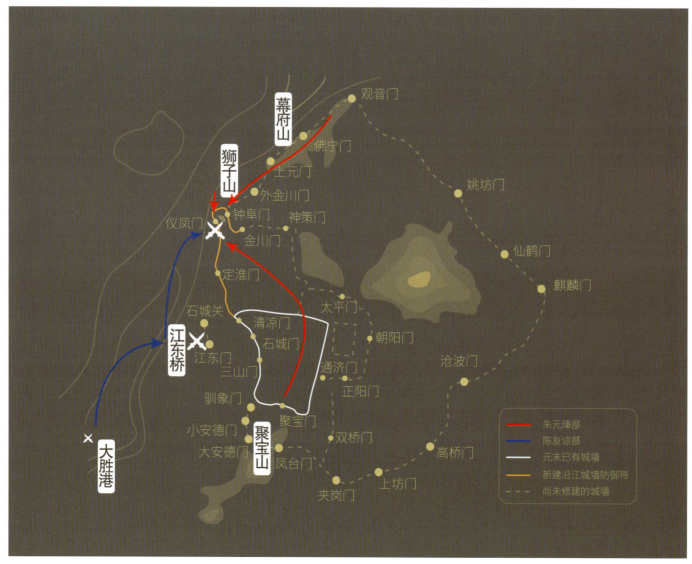

龙湾之战中朱元璋军队部署示意图

康茂才墓志（拓片）
Kang Maocai's Epitaph (Rubbing)

现代

纵 67、横 65 厘米

1967 年南京市中央门安怀村康茂才墓出土

南京市博物馆藏

　　此件拓片为上合志，正面阴刻篆书八行："故荣禄大夫 同知大都督府事 赠推忠翊运宣力怀远功臣 光禄大夫 湖广等处行中书省平章政事 柱国追封蕲国公 谥武义 康公之墓。"记载了康茂才的官职与谥号。

　　康茂才，字寿卿，原为元朝淮西宣慰使，朱元璋攻克集庆后率部归顺，位列明朝开国功臣，为陈友谅旧友。龙湾之战时朱元璋令其以书信为饵，诱导陈友谅挥师至江东桥。明洪武三年（1370 年）病逝后追赠蕲国公，赐谥武义。

　　龙湾之战前出于战备考虑，朱元璋在宋元府城基础上，修筑沿长江的防御性墙体，从清凉山蜿蜒至狮子山东麓，延伸至后来的金川门，成为明初改建南京京城城墙的基础，这也是南京明城墙修筑的发端。

明洪武时期

　　明初，出于统一全国及巩固统治势力的需要，朱元璋组建了一系列兵器制造机构。宝源局原负责铸造钱币，洪武时期开始兼制火器，成为重要的造铳机构。洪武十年（1377年）之后，明朝政府将火铳的制造权力下放到各卫所。

　　洪武时期制造的火铳铭文规范统一，包括使用单位、火铳编号、火铳类型、铳身重量、制造年月和制造单位，类型基本可以分为手铳、碗口铳和大炮筒。明初火铳相较于元代火铳制造工艺更为精致，手铳相比元代手铳口径较小，管身较长。

"羽林左卫　宝源局造"铭文铜碗口铳

Bronze Blunderbuss with a Bowl-shaped Muzzle and Inscription of
"Made by Baoyuan Bureau for Yulin Left Guards"

明洪武五年（1372年）
通长 32.5 厘米，铳口内径 10.5、外径 13.5 厘米，药室直径 10.4 厘米，
铳尾直径 10 厘米

　　由前膛、药室和尾銎三部分组成，铳身有三道箍。前膛中部刻铭文"羽林左卫猛字叁拾玖号　次碗口筒重式拾壹斤　洪武五年八月吉日　宝源局造"。由铳身镌铭文可知，这是一件宝源局在明洪武五年八月制造的火铳，形制为碗口铳，分拨给朱元璋亲军卫的羽林左卫，供其保卫帝王和京城安全所用。羽林卫为元至正二十四年（1364年）所设的十七卫亲军指挥使司之一。

"飞熊卫 宝源局造"铭文铜手铳

Bronze Hand Cannon with Inscription of "Made by Baoyuan Bureau for Feixiong Guards"

明洪武五年（1372年）

通长44厘米，铳口内径2、外径3厘米，药室直径4.2厘米，铳尾内径3、外径4.2厘米

　　由前膛、药室、尾銎三部分组成，铳尾宽于铳口，铳身有五道不明显的加固箍，药室隆起，壁上有一火药孔。铭文位于铳身前部，刻有"飞熊卫熊字捌拾叁号 长铳筒重式斤拾叁两 洪武五年五月吉日 宝源局造 手拿此处"。明清时期采用16进制，1两为37.3克，1斤为596.8克，此手铳合计1678.5克，比实际测量重量超出49.5克，应为药室内火药残余。据铭文可知，此铳是调拨给飞熊卫使用的火器。

　　飞熊卫最早设于元至正二十一年（1361年）。受封为吴国公的朱元璋为完善亲军系统，将随驾壮士设内八卫，飞熊卫为其中之一。至正二十四年（1364年），朱元璋称吴王时设十七卫亲军指挥使司，飞熊卫也在其中。洪武时期为京城五军都督府前府所属卫所。

"雄武卫 宝源局造"铭文铜手铳

Bronze Hand Cannon with Inscription of "Made by Baoyuan Bureau for Xiongwu Guards"

明洪武五年（1372 年）

通长 45 厘米，铳口内径 2、外径 3.5 厘米，药室直径 3.9 厘米，铳尾内径 3、外径 4.5 厘米

　　由前膛、药室、尾銎三部分组成。铳身前部镌铭文"雄武卫雄字□佰六十一号 长铳筒重叁斤八两 洪武五年八月吉日 宝源局造"，由铭文可知此为一件造于洪武五年八月，调拨给雄武卫使用的手铳。

　　雄武卫与飞熊卫相似，设于元至正二十一年（1361 年），不同的是其为外八卫，为指挥使司所属，同为至正二十四年（1364 年）所设十七卫亲军指挥使司之一。

　　《明史》载："自京师达于郡县，皆立卫所。"洪武元年（1368 年），朱元璋下令自京师到各地郡县，均需设立卫所，层层管辖，卫所制成为明朝的重要军事制度。洪武十年（1377 年），明朝政府将制铳权力下放后，铭文款式与洪武五年相比有了变化，内容大体包括制造部门、监造人姓名、重量、制造年月。

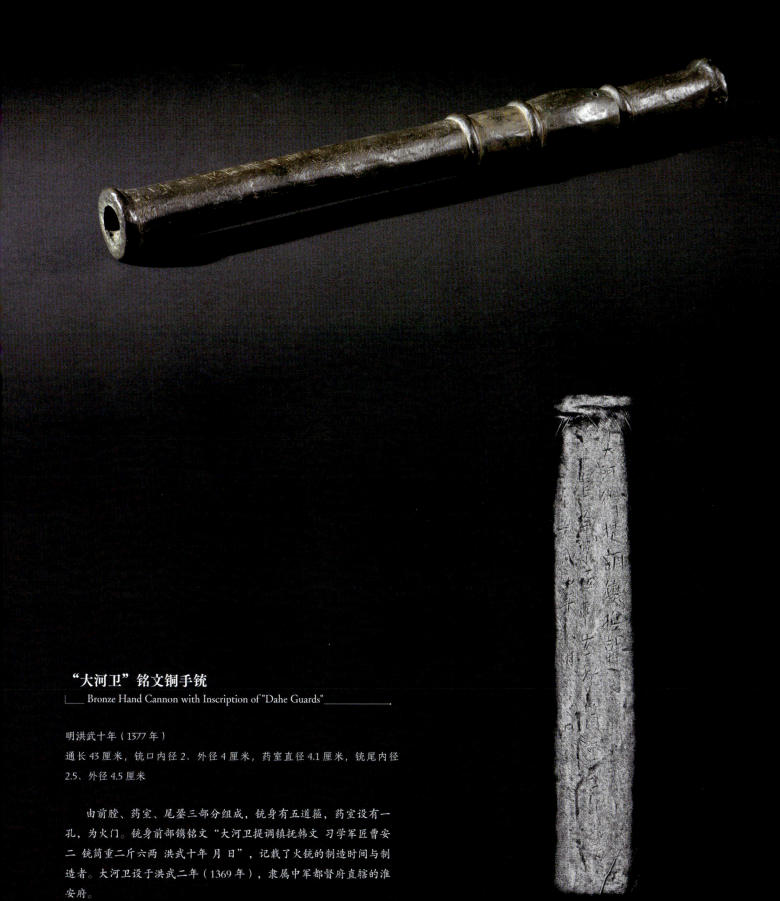

由前腔、药室、尾銎三部分组成，铳身有五道箍，药室设有一孔，为火门。铳身前部镌铭文"大河卫提调镇抚韩文 习学军匠曹安二 铳筒重二斤六两 洪武十年月日"，记载了火铳的制造时间与制造者。大河卫设于洪武二年（1369年），隶属中军都督府直辖的淮安府。

"大河卫"铭文铜手铳

Bronze Hand Cannon with Inscription of "Dahe Guards"

明洪武十年（1377 年）

通长 43 厘米，铳口内径 2、外径 4 厘米，药室直径 4.1 厘米，铳尾内径 2.5、外径 4.5 厘米

由前腔、药室、尾銎三部分组成，铳身有五道箍，药室设有一孔，为火门。铳身前部镌铭文"大河卫提调镇抚韩文 习学军匠曹安二 铳筒重二斤六两 洪武十年月日"，记载了火铳的制造时间与制造者。大河卫设于洪武二年（1369年），隶属中军都督府直辖的淮安府。

"凤阳行府"铭文铜手铳

Bronze Hand Cannon with Inscription of "Fengyang Xingfu"

明洪武十年（1377 年）

通长 43 厘米，铳口内径 2、外径 3.5 厘米，药室直径 4.4 厘米，铳尾内
径 2.5、外径 4 厘米

由前膛、药室、尾銎三部分组成，铳身有五道箍，铳尾宽于铳口，铳身表面平整光滑，制造工艺较为精良。铳尾錾有铭文"凤阳行府监造官镇抚孙英 教匠朱付八 军匠余付三 三斤八六两 洪武十年 月 日造"，详细记录了手铳制作过程中的监造官、主造者和制作者。镇抚为各卫中级官吏，教匠为制造火器的专业人员，军匠是于军中学习铸造火器的工匠，需完成学习后才能独立制造火器。凤阳是朱元璋故乡，于洪武七年（1374年）立府。

"凤阳长淮卫"铭文铜手铳

Bronze Hand Cannon with Inscription of "Fengyang Changhuai Guards"

明洪武十年（1377 年）

通长 43.5 厘米，铳口内径 2、外径 3.4 厘米，药室直径 4.5 厘米，铳尾内径 3.4、外径 4.5 厘米

由前膛、药室、尾銎三部分组成，铳身共有五道加固箍，与大河卫及凤阳行府所造手铳结构、长度、口径尺寸基本相同，可见洪武时期火器制造的规范以及技术的提升。铳尾处镌铭文"凤阳长淮卫造 重二斤六两 监造镇抚李进 习学军匠杨付八 洪武十年月日 六三"，可知手铳洪武十年由凤阳长淮卫制造。长淮卫设于洪武六年（1373年），隶属中都留守司，为中都八卫之一。

◆ 金川门之变

明洪武三十一年（1398年）闰五月，朱元璋去世。因太子朱标已在六年前去世，故遗诏命皇太孙朱允炆继位，年号建文。建文帝为加强中央集权，推行削藩政策，先后削除五位亲王爵位，激起了分封北平的燕王朱棣的反抗。

建文元年（1399年）七月，朱棣以"清君侧，靖国难"为旗帜起兵，建文四年（1402年）六月，南下直逼南京，史称"靖难之役"。此时，京师应天府经过数十年的精心修筑，城墙坚厚，且城内有二十万军队驻守，防守严密，朱棣不敢贸然进攻。然而，负责防守外金川门的朱元璋第十九子谷王朱橞、曹国公李景隆，见燕王军队声势浩大，故打开城门迎接燕军入城，京师遂陷落。

《南京都察院志》记载："外金川门……门券三座，中间系成祖经由，至今不敢擅开。"此即"金川门之变"，宣告了建文朝的终结。朱棣登上帝位，改元永乐。

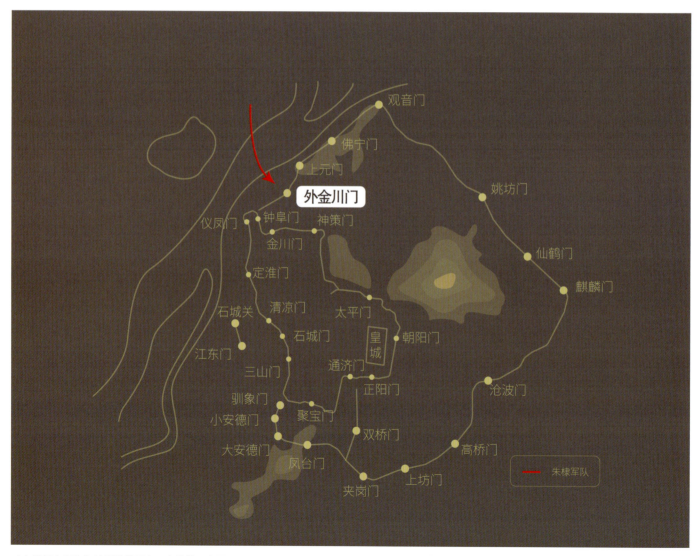

"金川门之变"朱棣军队进军应天府路线示意图

朱棣画像

◆ 铁权一组

　　铁权为生产生活中的常用衡量工具，三件铁权分别为建文朝和永乐朝初期所制，铸造时间所隔不过六年，形制相似，铭文从建文变为永乐，展现了明代权力的更迭。

"建文元年 应天府"铭文铁权
Iron Bobweight with Inscription of "Yingtian Prefecture in the First Year of the Jianwen Era"

明建文元年（1399 年）
高 9.5、腹最宽 4.5、底径 4.8 厘米

　　葫芦形，上端有扁方形孔组，可用于穿绳系线，权体为上宽下窄的亚腰圆柱体，下部束腰接扁平圆形厚底座。权身一面有铸造时代铭文"建文元年"，为建文帝继承大统元年所制；另一面镌有铸造地铭文"应天府"。

"建文 应天府"铭文铁权

Iron Bobweight with Inscription of "Yingtian Prefecture in the Jianwen Era"

明（1368—1644 年）

高 10、腹最宽 5、底径 6 厘米

葫芦形，上端有扁方形孔纽，可用于穿绳系线，权体为上宽下窄的亚腰圆柱体，下部束腰接扁平圆形厚底座。权身一面有铸造时代铭文"建文"，另一面镌有铸造地铭文"应天府"。根据铁权铭文可以推测该权应为建文朝时期在应天府南京所制。

"永乐二年 应天府造" 铭文铁权
Iron Bobweight with Inscription of "Made in Yingtian Prefecture in the Second Year of the Yongle Era"

明永乐二年（1404 年）

高 9、腹最宽 3.5、底径 4.5 厘米

　　葫芦形，上端有扁方形孔纽，可用于穿绳系线，权体
上宽下窄，下部束腰接扁平圆形厚底座。权身两面分别镌
有铭文"永乐二年""应天府造"。

铜质护心镜
—— Bronze Mirror Armour ——

明（1368—1644 年）
通长 8.5、镜面直径 6.5、厚 0.5 厘米

圆形，左右两端各一圆形孔纽，用于系带固定。护心镜是古代镶嵌在战衣胸背部位的铜镜。

圆形，左右两端各一圆形孔纽，用于系带固定。护心镜是古代镶嵌在战衣胸背部位的铜镜，用以防箭。

◆ 方孝孺

　　浙江台州府宁海县人，明朝著名大臣、学者。燕王朱棣进京后，他拒不投降，被捕下狱，后因拒绝为朱棣草拟即位诏书，被凌迟于聚宝门外，诛十族。南明弘光帝时追谥"文正"。

南京市雨花台方孝孺墓

位于明故宫遗址内的方孝孺血迹石

《明靖难忠臣血迹碑记》（拓片）

Inscription on the Bloodstain Stele of Loyal Officials Sacrificed in Jingnan Campaign in the Ming Dynasty (Rubbing)

清光绪二十八年（1902 年）
纵 190、横 92 厘米

　　碑文文字为左宗棠撰文、书丹，竖书，楷体阴刻，15 行共计 500 余字。此拓本为清光绪二十八年（1902 年）所拓。

　　清代名臣左宗棠担任两江总督时，为纪念靖难之役中宁死不屈的方孝孺等忠臣，于光绪十年（1884 年）重修南京明故宫奉天门，并修建四君子祠，将传说中被方孝孺血迹染红的血迹石移至祠堂旁，并刻立了一块石碑，建立碑亭。碑文斥责了明永乐帝血腥残暴、残害忠良的行为，对靖难死节忠臣的英风浩气表示敬佩。祠堂和碑亭在辛亥革命中毁于战火，石碑于 1937 年日军占领南京后不知所终，仅有拓片存世。

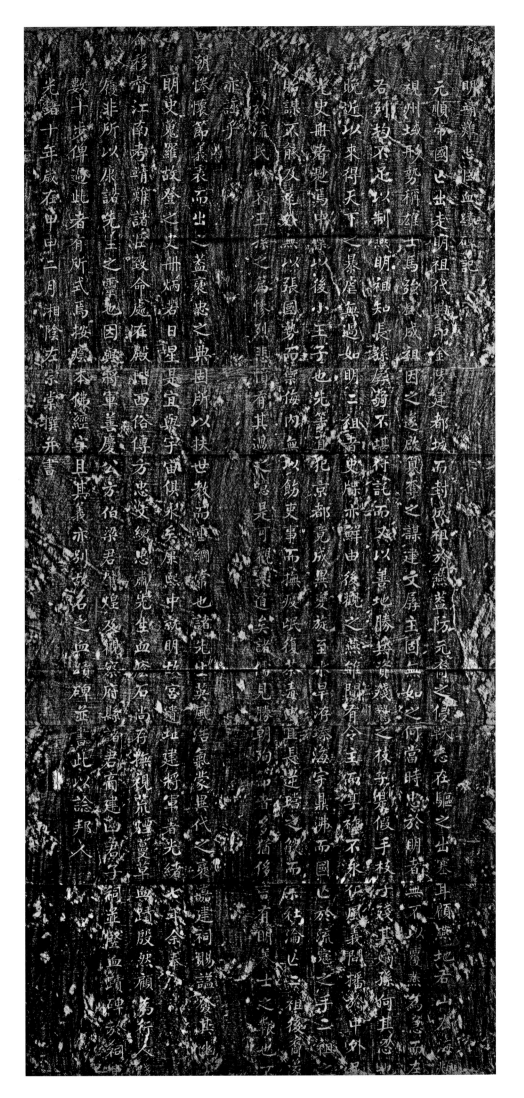

碑文：

明靖难忠臣血迹碑记

　　元顺帝国亡出走，明祖代兴，即金陵建都城，而封成祖于燕；盖防元裔之侵轶，志在驱之出塞耳。顾燕地右山左海，俯视州域，形势称雄，士马强盛。成祖因之，遂启篡夺之谋。建文屡主，固无如之何。当时忠于明者，无不以覆燕为急，而左右列均不足以制燕。明祖知长孙孱弱，不堪付托，而又以善地胜兵资残鸷之枝子，是假手枝子残其嫡孙，何其忍也。晚近以来，得天下之暴虐无过如明二祖者，史牒亦鲜。由后观之，燕虽间有令主，而享祚不永，仁风义问，播于中外，足光史册者鲜焉。中叶以后，小王子也先等直犯京都，竟成异变，旋至水旱洊臻、海宇鼎沸，而国亡于流寇之手。二祖之贻谋不能及远，外无以张国势而御侮，内无以饬吏事而抚疲氓；复荼毒忠直，长逆珰之焰，而宗社沦亡，二祖后裔遂尽于流民。吟《哀王孙》之篇，惨烈悲愤，有其过之。噫，是可观天道矣。诸儒见胜朝殉节者多，犹侈言：“有明养士之报也。”不亦诬乎！

　　皇朝惓怀节义，表而出之；盖褒忠之典，固所以扶世教而重纲常也。诸先生英风浩气，蒙异代之褒嘉，建祠赐谥，发其幽光，《明史》搜罗故，登之史册，炳若日星，是宜与宇宙俱永矣。康熙中，就明故宫遗址建将军署；光绪七年，余奉命移督江南，考靖难诸臣致命处在殿阶西，俗传方忠文、练忠肃先生血瘗石尚存；抚视荒烟蔓草，血迹殷然，顾为行人践履，非所以康诸先生之灵也。因与将军善庆公、方伯梁君肇煌及观察府县诸君商建四君子祠，并竖血迹碑于祠东数十步，俾过此者有所式焉。按“瘗”本佛经字，且其义亦别，故名之“血迹碑”，并书此以谂邦人。

　　光绪十年岁在甲申二月，湘阴左宗棠撰并书。

明方孝友腰牌（拓片）

Fang Xiaoyou's Token in the Ming Dynasty (Rubbing)

民国时期（1912—1949 年）

腰牌长 12、宽 6、厚 0.8 厘米

　　此腰牌为明代方孝友所有，呈长方形扁平状，牌头为圆弧形，雕刻云纹图案，中有圆孔以便穿系穗带随身携带，符合明代宫廷腰牌的制式。牌身正面楷书刻 "户部四川司主事"，背面楷书四竖行 "朝参官员悬带此牌 无牌者依律论罪 借者及借与者罪同 出京不用" 字样，牌脊一侧刻 "文字贰百拾玖号"，另一侧刻 "建文元年给方孝友"。方孝友是方孝孺之弟，当时官职为户部四川司主事，在靖难之役中与方孝孺一同在聚宝门外被处死。

　　明代出入宫廷的腰牌材质多样，有金、银、铜、象牙等。"文武官出入禁门带牙牌，有执事、供事、朝参之别"，朝参牙牌正面刻各衙门官名，文官携带牙牌为 "文" 字号。

► 明永乐时期至明末

　　明永乐时期，出于战争和国防需要，火器制造进入了一个高潮，制造技术不断进步，应用也逐渐普及，朝廷出兵交趾，征漠北，剿倭寇，以及郑和下西洋，都配备有精良的火器。

　　永乐初年，明政府设立神机营。神机营早期是制造火铳的机构，后演变为专门负责作战的火器部队，"神机"也因此成为明朝火器的代名词。永乐年间，火器在洪武基础之上得到了改良，逐渐制式化和标准化，此后一直到明末，火器基本沿袭永乐时期的制式。

　　永乐时期手铳构造设计改良包含以下三点：

　　一、手铳自铳口至药室呈逐渐增大的形态，铳壁逐渐增厚；

　　二、手铳的点火孔上增加火药槽和可开闭的火门盖，以防风雨；

　　三、配备药匙，便于定量装填火药。

　　永乐时期的火铳多造于三月和九月，此时气温适宜，便于操作，且两月温度相近，可以保证制造的火器性能一致。手铳铭文内容较洪武时期有所简化，主要为手铳编号和制造年月，质量监管则通过军器局和兵仗局造册登记监造人员名单来完成。火铳形制也较前期更为丰富，有单兵轻便手铳、中型手铳、轻型铳炮和大型铳炮等。

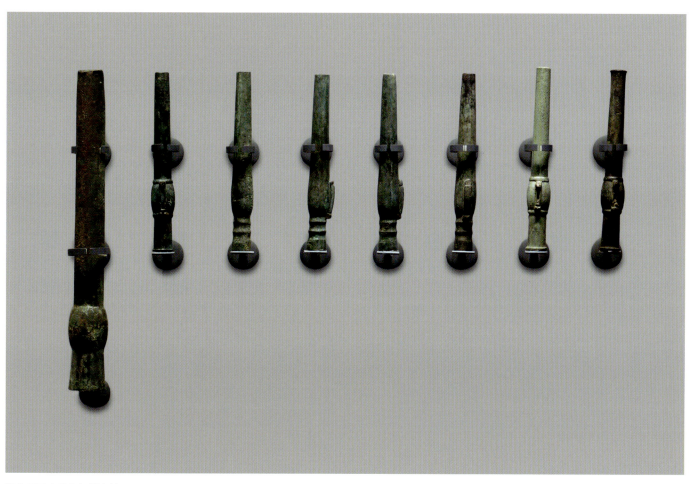

明永乐至宣德年间铜火铳

"天字贰千柒佰柒拾伍号"铭文铜手铳

Bronze Hand Cannon with Inscription of "Tian Zi No. 2775"

明永乐七年（1409 年）

通长 35 厘米，铳口内径 1.5、外径 2.7 厘米，药室直径 4.8 厘米，铳尾内径 3.3、外径 4.5 厘米

　　由前膛、药室、尾銎三部分组成，铳身有三道箍，药室前后及铳尾处各一道，药室设有火门盖。铭文位于铳尾部，为"天字贰千柒伯（佰）柒拾伍号 永乐柒年玖月 日造"。可知其为永乐七年九月所造，天字号 2775。天字号手铳由永乐七年开始铸造，直至正统年间，持续了三十余年，数量庞大，体现了当时明廷强大的军事实力。此件天字号手铳为单兵轻便手铳，其长度比洪武时期手铳的长度约短 10 厘米，内外口径变窄，便于士兵携带。推测此铳为永乐七年神机营铸造，并于永乐八年（1410 年）随明成祖北伐。

"天字壹万玖千柒佰玖号"铭文铜手铳
Bronze Hand Cannon with Inscription of "Tian Zi No. 19709"

明永乐七年（1409 年）

通长 34.3 厘米，铳口内径 1.5、外径 2.5 厘米，药室直径 4.5 厘米，铳尾
内径 2.8、外径 3.9 厘米

　　由前膛、药室、尾銎三部分组成，尾銎呈竹节状。铳身镌铭文"天
字壹万玖千柒伯（佰）玖号 永乐柒年玖月 日造"，可知其为永乐
七年九月所造。此件手铳编号为天字号 19709，与天字号 2775 相差
数为 16934，可见永乐七年九月所造手铳数量之庞大。

"英字捌仟玖佰柒号"铭文铜手铳
Bronze Hand Cannon with Inscription of "Ying Zi No. 8907"

明永乐九年（1411年）

通长 63 厘米，铳口内径 3、外径 5 厘米，药室直径 8.5 厘米，铳尾内径 5.5、外径 7.5 厘米

　　由前膛、药室、尾銎三部分组成，药室设有一孔作为火门。此件属于中型手铳，铳尾镌有铭文"英字捌仟玖佰柒号 永乐玖年叁月 日造"。

"天字陆万伍千玖佰拾号"铭文铜手铳
Bronze Hand Cannon with Inscription of "Tian Zi No. 65910"

明宣德元年（1426 年）

通长 35.3 厘米，铳口内径 1.5、外径 3.5 厘米，药室直径 4.9 厘米，铳尾内径 3.2、外径 4.5 厘米

由前膛、药室、尾銎三部分组成，药室为灯笼状，设有火门盖，铳身有四道箍，铳口、药室前后部及铳尾各一道。铳尾镌有铭文"天字陆万伍千玖佰拾号 宣德元年 月 日造"。根据其铸造年月和编号，可知其为宣德帝朱瞻基即位后所造，延续了天字的编号。宣德时期手铳的形制构造及装弹、发射方式均同于永乐时期手铳。

"天字捌万肆千捌百贰拾肆号"铭文铜手铳
Bronze Hand Cannon with Inscription of "Tian Zi No. 84824"

明正统九年（1444 年）

通长 36 厘米，铳口内径 1.5、外径 3 厘米，药室直径 5 厘米，铳尾内径 3.3、外径 4.3 厘米

由前膛、药室、尾銎三部分组成，铳身有三道箍，药室前部、后部及铳尾部各一道。铳尾镌铭文"天字捌万肆千捌百贰拾肆号 正统玖年正月 日造"，记载了手铳铸于正统九年，为天字号 84824。正统手铳形制构造与永乐手铳相似，技术上无本质改进，仍是明军的主要火器装备。

"胜字壹千陆百拾伍号"铭文铜手铳

Bronze Hand Cannon with Inscription of "Sheng Zi No. 1615"

明正统九年（1444 年）

通长 35.5 厘米，铳口内径 1.5、外径 2.5 厘米，药室直径 4.7 厘米，铳尾内径 2.8、外径 3.7 厘米

　　由前膛、药室、尾銎三部分组成，铳身有三道箍，药室前部、后部及铳尾部各一道，药室设有火门盖。铳身刻铭文"胜字壹千陆百拾伍号 正统玖年拾月 日造"。

"天威号" 铭文铜碗口铳

Bronze Blunderbuss with a Bowl-shaped Muzzle and Inscription of "Tianwei Number"

明景泰元年（1450 年）

通长 26 厘米，铳口内径 7.3、外径 9.8 厘米，药室直径 8.9 厘米，铳尾内径 7、外径 9.5 厘米

　　由前腔、药室、尾銎三部分组成，铳身有五道箍，铳口、前腔中部、药室前后部及铳尾部各一道。铳身镌有铭文"景泰元年造 天威叁千陆百拾叁号"。据《大明会典》记载："凡火器编号，正统十年题准，军器局造碗口铜铳，编胜字号；景泰元年改编天威字。"可见天威字编号从景泰元年开始使用，此件碗口铳即为实物见证。

"威武号"铭文铜火铳药匙

Powder Spoon of Bronze Blunderbuss with Inscription of
"Weiwu Number"

明（1368—1644 年）

长 15.5、宽 2.5、厚 1.5 厘米

　　匙身呈撮箕状，两侧前收，便于插入铳口内。柄端有孔，可系绳环，便于系在腰间随身携带。柄正面镌铭文"威武号药匙"，可知此药匙应为威武号火器填充火药所配。

　　药匙是装填弹药时常使用的工具，也是称量火药的工具，每匙可装火药 0.1 千克，既装药方便，又称量准确。一般来说，火铳、火炮均配备有装填火药的药匙。

"胜字号"铭文铜火铳药匙
Powder Spoon of Bronze Blunderbuss with Inscription of "Sheng Zi Number"

明（1368—1644 年）

长 15.5、宽 2.5、厚 1.3 厘米

　　匙身呈撮箕状，两侧前收。柄端有孔，可系绳环，便于在腰间随身携带。柄正面镌铭文"胜字一万四千二百五十三号"，可知其为胜字号火器所配备，编号为胜字 14253。

"破虏号"铜二炮药匙

Powder Spoon of Bronze Two-cannon with Inscription of "Polu Number"

明（1368—1644 年）

长 19.5、宽 6.4、厚 3.1 厘米

匙身呈撮箕状，两侧前收，握把为云纹形状，器錾整刻铭文"破虏号"，药匙内壁刻铭文"二炮药匙"。此药匙相比于手铳药匙较大，应为火炮配置。

◆ 佛郎机

　　16世纪初，佛郎机是海洋强国葡萄牙纵横四海的利器。明嘉靖元年（1522年），明王朝与葡萄牙在广东鲤鱼门西草湾交战，明军俘获葡萄牙佛郎机二十余门。嘉靖四年（1525年），出于城门守备需要，南京兵仗局仿制了二十六架铜质佛郎机，开启了中外火器融合发展之路。佛郎机逐渐本土化，成为明朝军队的制敌神器，也代表着明代火器发展的巅峰。

徽章纹佛郎机铜炮
Farangi Bronze Cannon with Badge Pattern

明（1368—1644年）

长157、炮口内径3.8、炮口外径10.8厘米

　　由前膛、药室和炮尾组成，炮身有五道箍，炮口处有三道，前膛及其与药室连接处各一道。近药室处设有炮耳，用于将炮身固定在炮架上。药室呈方形，设有槽口，用于装填固定子铳。炮口、炮身均模铸徽章纹样，根据纹样特点，推测此佛郎机为葡萄牙所铸。

　　完整的佛郎机由母铳、子铳、炮架和横栓构成，子母结构使其相较于同时期的其他火炮，具有射速大、射程远、杀伤力大的特点，普遍用于城防和作战。

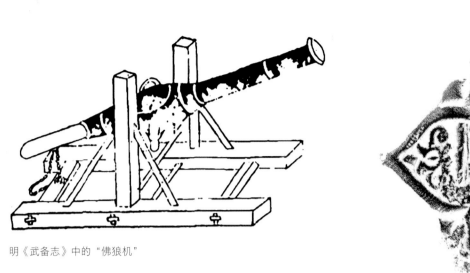

明《武备志》中的"佛狼机"

徽章纹拓片

佛郎机铜炮

Farangi Bronze Cannon

明万历六年（1578 年）

长 146、炮口内径 3、炮口外径 9.5 厘米

　　由前膛、药室和炮尾组成，前膛炮口处有三道箍，近药室处设有炮耳，药室呈方形，后部设有槽孔。炮身刻铭文"万历六年造 钱十一号 铜匠易文秀等"，记载了制造年月、编号、制造者信息，根据形制特点，推测该佛郎机为明王朝仿葡萄牙样式所铸造。

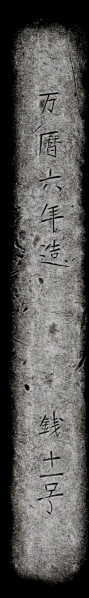

万厉六年造

钱十一号

"胜字号"铭文小型佛郎机铜铳

Small Farangi Bronze Blunderbuss with Inscription of "Sheng Zi Number"

明（1368—1644 年）

通长 63.5 厘米，铳口内径 2.5、外径 4.5 厘米，槽长 18、宽 6 厘米，铳尾内径 3、外径 4.8 厘米

由前膛、药室和铳尾组成，前膛有三道箍。前膛中部刻铭文"胜字二百二十五号"，可知此件佛郎机为胜字号 225。铳尾刻铭文"铸匠付原 小匠马巴"，记载了制造工匠的姓名。

明代佛郎机的本土化大致有两种趋势，一是通过对传统火器进行改造，生产为中大型火器；另一种是将佛郎机与本土鸟铳结合，生产为小型单兵火器。此件为小型佛郎机式火器。

"胜字号"铭文铜子铳

└─ Bronze Sub-blunderbuss with Inscription of "Sheng Zi Number" ─────┘

明（1368—1644 年）

通长 23 厘米，铳口内径 2.8、外径 7 厘米，药室直径 6.7 厘米

　　整体呈圆柱形，铳身有四道箍，尾部为半圆形。铳身前部刻有铭文"胜字二百八十九号"，为胜字号 289，应为胜字号佛郎机所配子铳。

　　子铳为佛郎机的重要组成部分，实为小火铳。据戚继光的《练兵实纪》记载，每架佛郎机配备"子铳九门、铁闩二根、铁四心送一根、铁锤一把、铁剪一把、铁锥一件、铁药匙一把、备征火药三十斤、合口铅子一百个、火绳五根"。发射前，在子铳内装填火药和炮弹，后将子铳放置在佛郎机母铳内，点燃引线，即可开炮。每门母铳一般配备 4～9 个子铳，事先装填火药和炮弹以备使用，减少装填弹药时间，提高射速。

"年例胜字号"铭文铜子铳

Bronze Sub-blunderbuss with Inscription of "Nianli Sheng Zi Number"

明（1368—1644 年）

通长 23 厘米，铳口内径 2.5、外径 6 厘米，药室直径 7.2 厘米

　　铳身有三道箍，尾部为半圆形，药室处有提把，便于装填和取出。铳身前部镌铭文"年例胜字伍拾弍号"，可知子铳编号为胜字 52，应为胜字号佛郎机所配子铳

明初，南京城开始修筑之时，火器正处于快速发展阶段，以火器为代表的各类武器被广泛用于各类攻城战中，因此南京城墙在军事防御及城墙守备上都有着严密且精心的设计。

因军事防御需要而建成的南京城墙，形成了一套完整的城防系统，处处展现着强大的军事防御功能。除了高大且坚固的城墙墙体，城防系统还包括城墙上坚固的城门，以及瓮城、护城河水系等。此外，明代南京城墙已建立起城门门禁制度、城门守备制度、武器守备制度，维护着城墙及城墙内外的安全。

明南京城门人员守备 · 建制规模 · 武器配备

清凉门 幽静偏僻之地
聚宝门 繁华冲要之地

清凉门
铜鸟铳12把
铁鸟铳8把
聚宝门
铜鸟铳12把
铁鸟铳8把

清凉门
大将军铜铳10门
聚宝门
大将军铜铳10门

清凉门
鞭铳12把
聚宝门
鞭铳无

清凉门
碗口铜铳49个
聚宝门
碗口铜铳46个

清凉门
垛口1050个
聚宝门
垛口1201个

清凉门
城楼1座　城铺20座
聚宝门
城楼1座　城铺34座
藏军房3间　宿守库房4间

清凉门
把总2名　盘诘官6名　军余100名
把总官厅3间　盘诘官房1间　军余直房3间
聚宝门
把总2名　盘诘官6名　军余100名
盘诘官厅6间

把总　军职，等同于正七品。明代驻守京师的军队设有千总、把总等领兵官，把总次于千总，麾下掌管几百名营兵。

盘诘官　检查出入的官员。

军余　未取得正式军籍的军人。

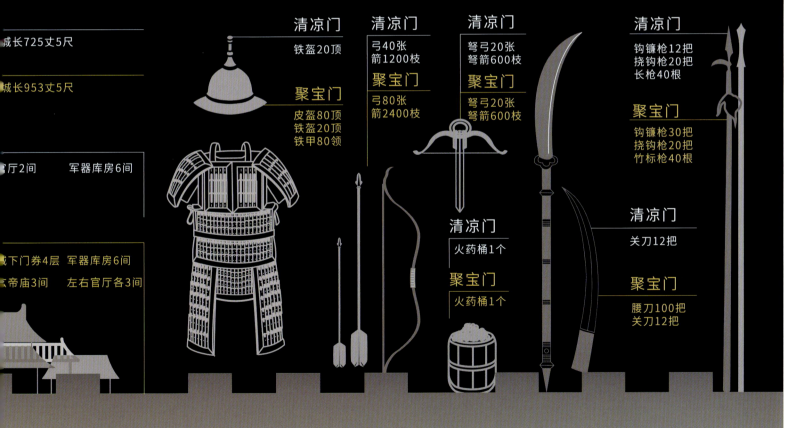

成长725丈5尺

成长953丈5尺

厅2间　军器库房6间

下门券4层　军器库房6间
帝庙3间　左右官厅各3间

清凉门

铁盔20顶

聚宝门

皮盔80顶
铁盔20顶
铁甲80领

清凉门

弓40张
箭1200枝

聚宝门

弓80张
箭2400枝

清凉门

弩弓20张
弩箭600枝

聚宝门

弩弓20张
弩箭600枝

清凉门

火药桶1个

聚宝门

火药桶1个

清凉门

钩镰枪12把
挠钩枪20把
长枪40根

聚宝门

钩镰枪30把
挠钩枪20把
竹标枪40根

清凉门

关刀12把

聚宝门

腰刀100把
关刀12把

据《南京都察院志》绘制

"天启乙丑年造" 铭文铜虎蹲炮

Crouching-tiger-shaped Bronze Cannon with Inscription of "Made in the Yichou Year of the Tianqi Era"

明天启五年（1625 年）

通长 39 厘米，炮口内径 4、外径 10.5 厘米，药室直径 11.6 厘米，炮尾直径 10.5 厘米

　　炮身有六道箍，药室设有火门盖和瞄准器，炮尾处镌有铭文"天启乙丑年造虎蹲神炮"。

　　虎蹲炮是戚继光抗倭时创制的一种小型将军炮。为便于射击，炮身被摆成一个固定的姿势，形似虎蹲，因此得名。虎蹲炮轻巧灵便，便于在山林水网地带移动，一次能射上百枚小炮弹或五十枚较大的炮弹，散布面大，能有效地杀伤密集进攻的敌人，在抗倭作战中发挥了重要作用。

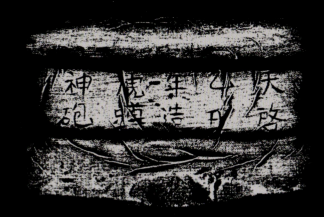

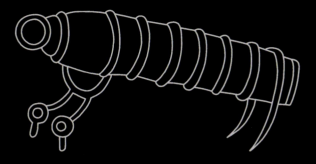

明《武备志》中的虎蹲炮

"霹字号"铭文铁炮
Iron Cannon with Inscription of "Li Zi Number"

明（1368—1644 年）

通长 39 厘米，炮口内径 6、外径 9 厘米，药室直径 9.6 厘米，炮
尾内径 6.5、外径 8.5 厘米

炮身有五道箍，铳口和铳尾各一道，药室前后各一道，炮膛中部一道，以此对炮体进行加固。药室呈灯笼状。炮身镌铭文"虏字二千七百十七号"，记录其编号。

铁质火药锤

Iron Gunpowder Hammer

明（1368—1644 年）

通长 130、柄长 122、柄直径 2.1、锤长 8、锤直径 9.1 厘米

　　由锤柄和锤头组成，锤头呈圆柱形。古时火炮多配有火药锤，用于将火药送入铳膛底部，捣杵压实。

"车上炮九百八号"铭文铜手铳
Bronze Hand Cannon with Inscription of "Chariot Cannon No. 908"

明（1368—1644 年）

通长 38.5 厘米，铳口内径 3、外径 5 厘米，药室直径 6.6 厘米，铳尾内径 4、外径 5.5 厘米

　　由前膛、药室、尾銎三部分组成，铳身有四道箍，铳口和铳尾各一道，药室前后各一道，铳尾宽于铳口。铳尾镌有铭文"车上炮九百八号"，记录了手铳编号。明清时期，"炮"多写作"礮"或"砲"，指代火药兵器。根据铭文推测，此手铳应为铳车阵士兵装备杀敌所用

"计字三十六号"铭文铜手铳
Bronze Hand Cannon with Inscription of "Ji Zi No. 36"

明（1368—1644 年）

通长 36 厘米，铳口内径 2、外径 3 厘米，药室直径 5 厘米，铳尾内径
2.7、外径 4.5 厘米

　　由前膛、药室、尾銎三部分组成，炮身有三道箍，药室前后
及铳尾处各一道，药室设有火门盖。尾部镌有铭文"计字三十六
号 谊郎守御"，记录了手铳编号。

"靖房号 兵仗局造" 铭文铜手铳

Bronze Hand Cannon with Inscription of "Jinglu Number Made by Bingzhang Bureau"

明嘉靖二十年（1541 年）

通长 35.5 厘米，铳口内径 1.8、外径 3.5 厘米，药室直径 5.4 厘米，铳尾内径 2.8、外径 4.5 厘米

　　由前膛、药室、尾銎三部分组成，铳身共有三道箍，药室设有火门盖。铳管刻铭文"独石城复里东北栅子金枪一杆 独石东北栅子墩金枪一杆"，尾銎刻铭文"靖房捌百陆拾陆号 嘉靖辛丑年兵仗局造 重肆斤捌两"。可知手铳由兵仗局造于明嘉靖二十年，编号为靖房 866 号，调拨给独石城东北方向长城关口——栅子口驻守军队使用。

　　独石城位于今河北省赤城县，宣德五年（1430 年）将开平卫迁到此处驻军，作为长城关口卫城而建。

"小胜"铭文铜鸟铳铳管
Barrel of Bronze Matchlock with Inscription of "Xiaosheng"

明万历十七年（1589 年）

通长 57 厘米，铳口内径 1.5、外径 2.5 厘米，药室直径 3.3 厘米，铳尾内径 2、
外径 3.5 厘米

铳身前有准心，后有照门。铳身刻铭文"万历十七年六月六日　小胜重三斤十三两　药三钱九三　介匠淮全"，详细记录了铸造日期、重量、火药用量和制造工匠姓名。

鸟铳与明代前期火铳相比，铳管更长，口径较小，射程更远，因其枪托如鸟之喙，且能射落在林之鸟而得名。

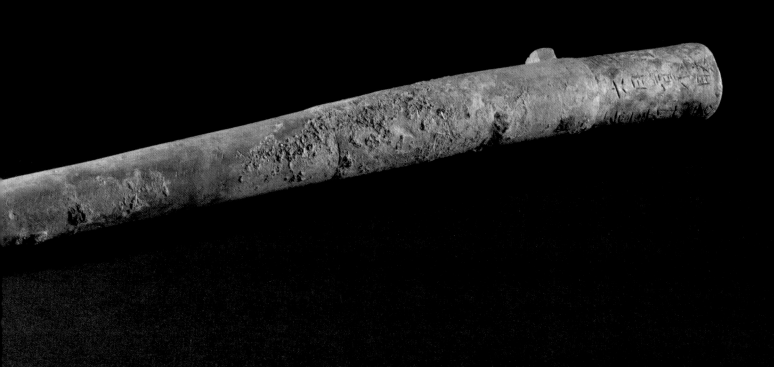

双眼、三眼、四眼铁手铳一组

Two-muzzle, Three-muzzle and Four-muzzle Hand Cannons

明（1368—1644 年）

五件

三眼手铳（左一）：通长 40.5 厘米，铳口通高 8、铳口通宽 8.5、单根铳管口径 2.5 厘米，柄长 21、内径 3、外径 4 厘米

四眼手铳（左二）：通长 41 厘米，铳口通高 6.5、铳口通宽 7、单根铳管口径 2 厘米，柄长 20.5、内径 2.5、外径 3 厘米

三眼手铳（左三）：通长 40 厘米，铳口通高 5.5、铳口通宽 6、单根铳管口径 2 厘米，柄长 13.5、内径 3、外径 3.5 厘米

双眼手铳（左四）：通长 41 厘米，铳口通高 5、铳口通宽 8、单根铳管口径 2 厘米，柄长 20、内径 3、外径 5 厘米

三眼手铳（左五）：通长 24.5 厘米，铳口通高 7、铳口通宽 7.5、单根铳管口径 2 厘米，柄长 9、内径 2、外径 3 厘米

明代单兵手持类火铳有单眼铳、双眼铳、二眼铳、四眼铳等，由铳口、铳膛及握柄组成，铳膛有数道箍加固，握柄为细长圆柱形，可接木质长棍便于使用。此类手铳多为北方骑兵所用，每铳可装填两三枚弹丸，可对敌人进行连射，杀伤力较大，弹丸发射完毕后可将其作为长柄棍使用，再次击敌。

校尉铜腰牌
Sergeant's Bronze Token

明（1368—1644年）

长 10.7、宽 8.7、厚 0.3 厘米

明故宫遗址出土

　　圆形，顶部为云纹，正面刻阳文楷书铭文"凡遇直宿者 悬带此牌 出皇城四门不用 校尉"，背面光素无纹。其铭文格式和字体、腰牌形制和铸造方式均符合明初特征。

　　校尉在明洪武十五年（1382年）后隶属于锦衣卫管辖，是级别较低的军士，排在将军之后。据《大明会典》记载，其职责是随驾出入仪仗和守卫四门，兼有传达皇帝指令，召唤、引导官员入宫觐见皇帝的职事，在直宿时悬戴铜牌，铜牌是执行任务时所佩戴的通行证。其数量被严格管控，使用也必须慎之又慎，据《大明律》中《兵律·关防·牌面》记载，如果出现铜牌遗失或损毁的情况，将会受到极为严厉的处罚，"凡朝参文武官及内官悬带牙牌、铁牌，厨子、校尉入各带铜、木牌面，如有遗失，官罚钞二十贯，厨子、校尉罚钞一十贯……有牌不带、无牌辄入者，杖八十。借者及借与者，杖一百"。

厨子铜腰牌

—— Cook's Bronze Token

明（1368—1644 年）

长 13、宽 10.5、厚 0.5 厘米

南京市博物馆藏

　　圆形，顶部为云纹，正面阳刻 18 字楷书铭文"凡遇直宿者　悬带此牌　出皇城四门不用　厨子"，背面铸两条鱼纹，凹凸各一尾。

　　据《大明会典》记载，皇城四门设有厨房，为守卫军士做饭，称为恩军。《明史》记载："锦衣校尉上直及光禄寺吏典厨役，遇大祀，俱佩双鱼铜牌。"此铜牌为出入皇宫的厨子所用，其上鱼纹可与皇城守卫所持勘合相证，是出入宫门的凭证。

云龙纹铜器座
Bronze Base with Cloud and Dragon Pattern

明（1368—1644 年）

高 19.5、顶部直径 13.5、底部直径 26.5 厘米

　　呈上窄下宽喇叭状。器座上部铸覆莲纹，中部饰精美的五爪云龙纹，规格较高，推测可能为御用插器的底座。

陶质火蒺藜
Pottery Tribulus Firearms

明（1368—1644 年）

三件

陶质酱釉火蒺藜（上）：高 15、直径 17、圆孔内径 2.5、圆孔外径 5.5 厘米

陶质青釉火蒺藜（中）：高 17、直径 19、圆孔内径 3、圆孔外径 6 厘米

陶质无釉火蒺藜（下）：高 16、直径 18.5、圆孔内径 3、圆孔外径 6 厘米

　　此三件陶质火蒺藜形制大小相似，表面布有若干蒺刺，顶部有圆孔用以填装火药，皆为明代城防所用。

　　火蒺藜是爆炸性火器，创制于宋初，多用于守城。明代陶质火蒺藜胎体厚重，外壁施酱釉、青釉或不施釉。使用时将火药引燃，将火蒺藜投掷到敌军阵营中，蒺刺可在器身破碎后随着火药爆炸一起飞射四方，具有一定的杀伤力。

铁蒺藜

└── Iron Tribulus ──────────

明（1368—1644 年）

上：高 17 厘米

下：高约 7、尖刺长约 4.5 厘米

　　分大、小两种，大者形制不规整，小者呈三棱锥状。

　　为带尖刺的铁质障碍物，一般每件有四根铁刺，放置时一刺朝上。因状如草本植物"蒺藜"而得名，战国时期便开始使用，可布设于道路、浅水、城池四周等防御地带，阻碍敌军人马、车辆行动，起防守作用，明朝军队广泛使用。

清代南京城墙军事防御

　　清代，南京城墙仍然是当时重要的军事防御建筑，它经历了明清的易代、郑成功的围困、太平天国与清军的战事，其军事防御价值体现得淋漓尽致。同时，城墙上也增筑炮台等城防设施，以应对火器的发展。

▶ 郑成功北伐

　　明王朝覆灭之后，郑成功领导的南明军队一直在东南沿海地区进行抗清行动。南明永历四年（1650 年），郑成功夺取厦门，稳定了东南局势。清顺治十六年（1659 年），清军集结军力进攻云南、贵州一带，东部驻防空虚，郑成功决定趁此机会，北征南京。

"战胜营"铭文铁炮

Iron Cannon with Inscription of "Zhansheng Battalion"

南明永历八年（1654 年）

长 126、炮口内径 8.5、炮口外径 17.5 厘米

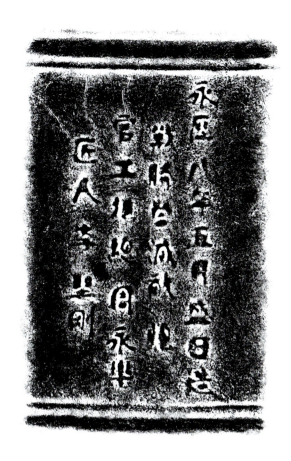

炮身有八道箍，火药孔处套有方形印记。炮身后部镌有铭文，为"永历八年五月盛日造 战胜营□□□ 营工把总周永乐 匠人李坚刚"，详细记录了铸造日期和工匠姓名，为南明永历八年制造的红夷型大炮。

明万历年间，为抵御后金，徐光启等人赴澳门向葡萄牙当局购买引进红夷大炮，崇祯年间开始仿制。与佛郎机相比，红夷大炮炮身更长，威力更为巨大，前装式构造使其密闭性更好，配备了更精确的瞄准装置，为明末重要武器。与此同时，清军从战场缴获红夷大炮后也进行仿制，成为其日后的制胜武器。明廷覆灭后，朱由榔在广东肇庆称帝，听从西方传教士建议，购买红夷炮，并进行大量仿制。郑成功部也曾使用南明永历政权制造的红夷大炮。

南明永历十三年（1659 年），郑成功北伐南京，在仪凤门外登岸，驻军幕府山，携带火器众多，清军依仗城墙进行防御，最终以少胜多，南明政权岌岌可危。

箭
|___ Arrows

清（1644—1911 年）

十支

长 89 ~ 95 厘米

　　该组清箭依照箭镞可分为箭头薄而宽阔的砒箭和圆锥形的战箭。箭杆为木质，中间略粗，两端细，雕翎为雁羽粘接，箭尾和箭头处包有动物皮、树皮等材料，装饰十分精美。

　　骑射是满洲八旗军队的主要战力，凭借着灵活方便、射程远、精度高的特点纵横于战场。

弓
Bow ———————————————————

清（1644—1911 年）

长 138、宽 3.5、厚 0.8 ～ 3 厘米

　　用牛角、木材和牛筋等材料制成，属于筋角
复合弓。弓弛处包裹有鱼皮，弓臂以竹木为内胎，
弓面和弓背以水牛筋铺成，弓体表面有红漆、黑
漆装饰，弓弰根部有弦垫。

箭囊、弓囊
Arrow Quivers and Bow Pack

清（1644—1911 年）

三件

箭囊（左）：长 26.5、宽 24、厚 6 厘米

箭囊（右）：长 25.5、宽 21、厚 5 厘米

弓囊：长 53、宽 13.5～32 厘米

　　箭囊形状近似长方形，弓囊为上宽下窄的袋形　箭囊和弓
囊表面装饰有铜质和皮质饰件，上饰"寿"字纹、花朵纹等
此套箭囊、弓囊组合制作考究，推测应为清代皇室贵族所用

弓囊

箭囊

◆ 天京鏖战

　　鸦片战争后，赋税繁重，民不聊生，各地纷纷爆发反清起义。清咸丰元年（1851 年），洪秀全在广西金田发动起义，后建立太平天国。太平军一路北上，咸丰三年（1853年）攻克江宁，改名天京并定都。在冷兵器与火器并用时代的末期，太平军以南京城墙为屏障，加强城防设施，与清军交战长达十一年。

"太平天国乙荣五年"铭文铜炮

Bronze Cannon with Inscription of "The Fifth Year of Yirong Period of the Taiping Heavenly Kingdom"

清咸丰五年（1855 年）

长 110、炮口内径 8、炮口外径 16 厘米

《向荣江南大营围攻江宁图》

画面描绘了清咸丰五年（1855年）至咸丰六年（1856年）初，太平军占领南京后，钦差大臣向荣在南京城东建立江南大营、围攻天京的场景。

炮身有五道箍，形制为红夷大炮。炮身镌铭文"太平天国乙荣五年置造 重三伯（佰）五十斤 粉壹斤"，可知该炮为太平天国所用铜炮，为太平天国五年铸造，"三伯（佰）五十斤"为大炮的重量，"粉壹斤"为火药用量。

振远将军铁炮
"General Zhenyuan" Iron Cannon

清道光二十三年（1843年）
长232、通宽63、炮口内径11、炮口外径27厘米
南京市狮子山出土

　　炮身有加固箍数道，炮耳位于炮身中部，炮身中部和尾部设有准星。铁炮上、中、下部皆有铭文，炮身前段铭文"振远将军 道光二十三年三月 日"，中间铭文"试用府经历莫载监造"，后半部铭文"积功从九品吴雨达 试用县丞武友怡 昆山汛外委盛章监铸"，记载了名称、时间和监造人等信息，是南京城墙火器军事防御的重要实物。

　　狮子山又名卢龙山，濒临长江，是南京城的制高点。龙湾之战中，朱元璋在此指挥军队作战，大败陈友谅，后将其更名为狮子山，视为重要的军事防御点。

太平门缺口碑（拓片）
Notched Stele at Taiping Gate (Rubbing)

现代

卷轴纵 275、横 103 厘米，画心纵 212、横 88.5 厘米

　　碑文为阴刻楷体，四周饰有草叶花纹，大部分字体清晰可见。

　　清咸丰三年（1853 年），太平军占领南京城，此后清军与太平军围绕南京城墙反复展开攻防战。至同治三年（1864 年），曾国藩所组建的湘军突破太平门附近的龙脖子段城墙，入城击溃太平天国军队。战后，曾国藩令人修复太平门龙脖子段破城缺口，并立碑镶嵌在城墙内侧，亲自撰文并书于石碑上，记述收复南京的始末。后世称其为"太平门缺口碑"，至今仍存。

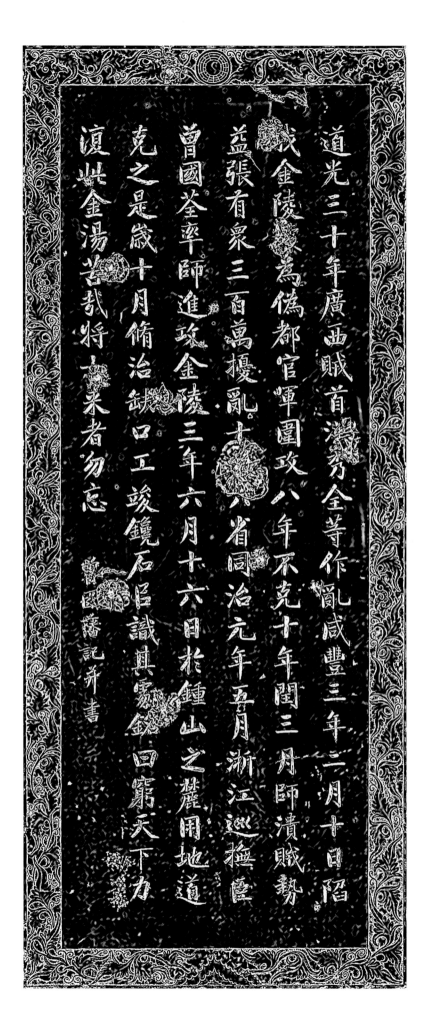

碑文：

　　道光三十年，广西贼首洪秀全等作乱。咸丰三年二月十日陷我金陵，据为伪都。官军围攻八年不克，十年闰三月师溃，贼势益张，有众三百万，扰乱十有六省。同治元年五月，浙江巡抚臣曾国荃率师进攻金陵，三年六月十六日于钟山之麓用地道克之。是岁十月修治缺口。工竣，镵石以识其处。铭曰："穷天下力，复此金汤。苦哉将士，来者勿忘！"

曾国藩记并书

抬枪（残件）
Jingal (Remnant)

清（1644—1911 年）

残长 280、枪口内径 1.8、枪口外径 2.5 厘米

抬枪使用示意图

　　枪身细长，为圆柱形，枪口至枪尾逐渐加粗，枪托处损坏，枪身锈蚀。

　　抬枪盛行于清中后期，是一种重型鸟枪，结构与一般的鸟枪基本相同，而装药量、射程及杀伤威力远大于普通鸟枪。因长达数米，重量较大，使用时需两人协作，其中一人在前充当枪架，将枪身架在肩上，也可使用支架作为依托，另一人托住枪杆尾端，瞄准发射。

火枪
└── Musket ─────────────────────────────

清（1644—1911 年）
长 126、枪托宽 12、枪托厚 11 厘米

此火枪为后装枪，由枪管、弹药室、枪托、扳机和准星组成。枪管呈锈红色，枪托为铜褐色，枪托部位两侧分别镶嵌铜片、铁片各一，其中铜片上用钢针戳点组成"福寿双全"四字。

火枪、弓矢与火炮为清代军队装备的三大武器。近代枪支制造始于 19 世纪 60 年代，经历了前装枪、后装枪和连发枪三个阶段，主要仿制的枪型为毛瑟枪。清同治四年（1865 年），李鸿章在南京聚宝门外筹建金陵机器局，同治十年（1871 年），在通济门外扩建火药局，进行火药、枪支、大炮及炮弹的生产。

斩马剑
Horse-chopping Sword

清（1644—1911 年）

通长 110 厘米，剑身长 68、宽 7 厘米，护手宽 3.1 厘米，剑柄直径 2.4 厘米

　　剑身双面开刃，握把处为橘红色，把端为灯笼状。

　　斩马剑为古代剑名，源于《汉书·朱云传》。"云曰：'臣愿赐尚方斩马剑，断佞臣一人，以厉其余。'"颜师古注曰："尚方，少府之属官也，作供御器物，故有斩马剑，剑利可以斩马也。"用于震慑不能恪尽职守的官员，故又称"尚方宝剑"。

民国时期南京城墙军事防御

　　民国时期，南京城墙在炮火中见证了封建王朝的结束、中国社会的变革，更见证了外敌的入侵、中国守军的奋勇作战。虽然得到了多次修缮，但面对近现代的枪炮，冷兵器时代高大坚固的城墙已难以保卫城市，逐渐淡出了军事防御的舞台。辛亥革命与二次革命，都在南京城墙上留下了痕迹。在一次次攻守城的战役中，南京城墙经历了炮火的考验。

辛亥革命中的太平门

◆ **辛亥革命**

　　1911 年 10 月 10 日夜，武昌起义爆发。

　　11 月初，江苏省宣布独立。苏浙联军决定光复南京，首先夺取乌龙山炮台、幕府山炮台，之后攻占紫金山天保城，炮击富贵山、太平门、朝阳门，兵分数路进攻通济、朝阳、神策、太平、仪凤各城门。

　　12 月 2 日，苏浙联军攻占南京。

　　12 月 25 日，中华民国南京临时政府成立。

◆ **二次革命**

　　1912 年 2 月 12 日，清宣统帝溥仪发布退位诏书。

　　1912 年 3 月，袁世凯当选中华民国临时大总统。

　　1913 年 7 月，孙中山发动二次革命，武力讨伐袁世凯。

　　1913 年 8 月，袁军张勋部攻占紫金山主峰；8 月 21 日，天保城被袁军占领，守军固守南京城墙，仍不敌袁军优势兵力和炮火攻击，太平门和神策门被重炮轰开。

　　1913 年 9 月 1 日，南京被袁世凯军队占领。

上海商务印书馆出版《大革命写真画》

War Scenes of the Chinese Revolution Published by the Commercial Press, Shanghai

1912 年

纵 15、横 23.5、厚 0.4 厘米

　　《大革命写真画》为纪念辛亥革命胜利一周年而编辑刊印，收录辛亥革命相关图片，共十五集。此写真画为初版第四集，共 40 页，记录了江浙联军光复南京的情况，包括攻占紫金山天保城、雨花台、富贵山、太平门、仪凤门、丰润门等地的图片，其中还包括太平门城楼损毁情况图片，是记录南京城墙在辛亥革命中经历苏浙联军进攻、见证封建王朝终结的珍贵资料。

《二次革命时期西方海员在南京日志》
Western Mariner's Log in Nanjing During the Second Revolution

民国时期（1912—1949 年）
纵 32、横 24、厚约 4 厘米

　　此日志为英国海员于 1913 年 7 月至 1914 年 1 月前往上海之前，记录的南京见闻，其间南京继辛亥革命后发生了二次革命。日志含南京及附近手绘地图三幅，其中一幅描绘的是南京京城、皇城和宫城城墙轮廓，以及南京城周围山形水势情况。另有南京孝陵及南京被攻克后影像 12 幅，其中包括部分城门和城墙损毁情况。

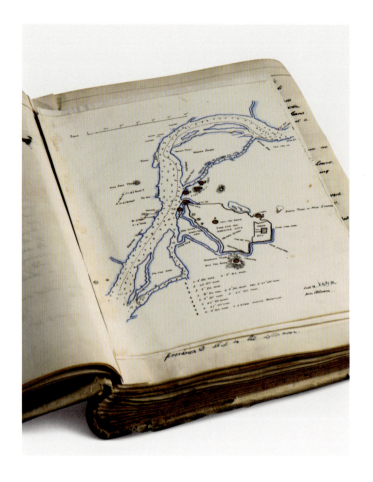

《二次革命时期西方海员在南京日志》中的太平门照片

◆ 南京保卫战

　　淞沪会战后，侵华日军全力西进。1937年12月，南京保卫战正式打响，这也是南京城墙发挥军事防御功能的最后一役。

1937年南京保卫战中，日军正在进攻中华门

日本读卖新闻出版发行《"支那"事变写真帖》

Photos of the July 7 Incident Published by Japanese Yomiuri Shimbun

1938年

纵18.5、横26.5、厚0.3厘米

　　此写真帖为日本侵华期间日本战地记者拍摄，记录了日军侵华的种种罪行。写真包含淞沪会战及南京保卫战中日军侵略上海、南京等地的图片，其中一张图片为空中拍摄，南京城墙清晰可见，南京城在日军轰炸下烟雾缭绕。另一张图片显示日军试图对南京城墙进行爆破，以攻入城内，黑烟四起，城墙损毁甚多，其中一段已被炸弹轰出豁口。

《南京攻略战写真帖》（第九版）

The ninth edition of *Photos of Nanjing Battle*

1939 年

纵 9.5、横 13、厚 0.5 厘米

　　《写真帖》初版发行于 1937 年 12 月，此为 1939 年发行的第 9 版，共收照片 59 幅，由日军随军记者田中良三拍摄。《写真帖》真实地记录了 1937 年南京保卫战时，日军从开始进攻南京到占领南京的全过程，包含日军借助梯子攀爬城墙、炮轰中华门、占领中山门进入南京城等照片，是日军侵华的有力证据。

抗日战争文物一组

Cultural Relics of the War of Resistance against Japanese Aggression

民国时期（1912—1949 年）

十六件

步枪刺刀：通长 52 厘米，刀身长 38.5、宽 2.5、厚 0.7 厘米，刃长约 10 厘米，柄长 13.5 厘米

子弹：残长 8、直径 1.1 厘米

印章：高 3.5、印面长 1.2、印面宽 1.2 厘米

雪花膏瓶：高 6、口径 2.8、腹径 4.9、底径 4 厘米

水烟壶：通高 9、长 7.5、宽 3.5、烟嘴残长 19 厘米

南京城墙武定门段机枪暗堡出土

　　步枪刺刀刀身部分为钢质，形制为下开刃式，根据刃部长度和制式，推测应为欧洲生产的德式"毛瑟"系列步枪刺刀。

　　子弹为铜质，弹身为圆柱形，弹头为尖头。底部刻有字母和数字，多为字母"H"，代表其产地为济南兵工厂，"25"则说明其为中华民国二十五年（1936 年）制造。其中一枚子弹底部标记"P131""S""37""12"，"P"是德国马格德堡市波尔特兵工厂的德文首字母，"131"为车间号码，"37"指代 1937 年，"12"代表子弹的生产批次。

　　印章为骨质，长方体，呈黄色。由于长期埋于土中，经雨水侵蚀，骨质纤维剥落，印面文字已不可见。

　　雪花膏瓶为陶瓷质地，瓶口为圆形，瓶身呈灯笼状。瓶底部刻有"白雪"，应为冬天守军皮肤开裂时所用。

　　水烟壶材质为锡铜合金，壶身为椭圆柱体，上部有圆形壶口，表面锈蚀残损，制作工艺较为简单。

步枪刺刀

　　根据刺刀的制式和子弹底部标记，可以推测出其为德系武器。淞沪会战后，侵华日军全力西进，1937 年 12 月 1 日，日军大本营下达"大陆第 8 号令"，命令华中方面军与海军协同，兵分三路，向南京发起进攻。南京保卫战中，镇守武定门的孙元良八十八师抵抗日军第三师的火炮进攻，这是中国第一批德系武器装备的调整师。印章为签发命令所用。由此推断，这些物品的主人，正是在武定门为国捐躯的孙元良八十八师军官，这些文物正是中国守备军队依托城墙抵御日寇入侵的重要见证。

2017 年 12 月，南京城墙保护管理中心在维修武定门南侧约 300 米的城墙时，发现了一座被掩埋的机枪暗堡，从中出土了一批抗战文物，包括刺刀、子弹等作战武器，以及水烟壶、骨质印章、雪花膏瓶等生活用品。

印章

雪花膏瓶

水烟壶与烟嘴

子弹

清《金陵省城古迹全图》（局部）

第五单元

城墙记忆　遗产传承

　　民国时期的南京保卫战中，南京城墙最后一次发挥军事防御作用，成为近代火炮下的绝唱。20世纪以来，在城门的开辟与更名、墙体的拆损与修缮、城墙的荒疏与重现之中，南京城墙见证着一个多世纪的历史变革，深受城市化浪潮的影响，其命运更加与城市发展息息相关。

　　随着时代变迁，南京城墙凭借其所代表的筑城思想、凝聚的筑城技术、记录的文明变迁，再一次进入人们的视野，文化遗产价值再次突显。城墙在城市发展的过程中，被赋予了新的生命，焕发着新的历史价值。如今，南京城墙早已融入南京的城市格局、民众生活与人文脉络，成为重要的历史文化遗产。

20 世纪以来，南京城墙因适应城市化进程而发生着变化。从城墙"拆""保"之争，到城门更名，再到新城门的增筑，城墙如何与城市共生，成为人们跨越一个多世纪的思考。

► 城墙保护者

《首都计划》
Capital Plan

1929 年
纵 26.5、横 20、厚 1.5 厘米

国民政府定都南京后，为了对首都南京进行现代化改造，制订了《首都计划》，这是民国时期最重要的城市规划文件，也是中国最早的现代城市规划。其内容包含城市建筑样式的规划，道路系统和交通枢纽的布局，以及公园、林荫道的设置等。

这本《首都计划》1929 年出版，封面残缺，内页保存完好。该书从城市建设的角度，提出将南京城墙改造为环城大道的设想，并提出具体实施方案，肯定了城墙的价值，对南京城墙的保护与利用起到了重要作用。

《首都计划》中将南京城墙改造为环城大道的设计方案

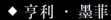

◆ 亨利·墨菲

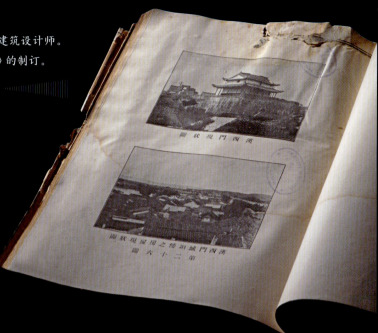

亨利·墨菲（Henry Killam Murphy，1877—1954年），美国建筑设计师。
1928年，墨菲受聘于国民政府首都建设委员会，主持了《首都计划》的制订。

近代战具日精，城垣已失防御之作用，得用之以为环城大道，
实最适宜。

该城垣由海陵门南行，经南门东至通济门一部，城面宽度，几
尽可筑为行驶两行汽车之道路。

——《首都计划》

◆ 徐悲鸿

　　徐悲鸿（1895—1953年），江苏宜兴人，中国著名画家、美术教育家。1929年，当拆除南京城墙的消息传出后，徐悲鸿立刻发出电报，指出"后湖自太平门至神策、丰润门一带为宇内稀有之胜境"，"务恳据理力争，留此美术上历史上胜迹"。

　　在《对南京拆城的感想》中，徐悲鸿写道："南京之为国都，在世界各都会上占如何地位，我不敢知。我所知南京之骄视世界者，则自台城至太平门，沿后湖二千丈一段之 Promenade（散步场地），虽巴黎之 Champs-Eises（香榭丽舍）不能专美。因其寥廓旷远，雄峻伟丽，据古城俯瞰远眺，有非人力所计拟及者。"

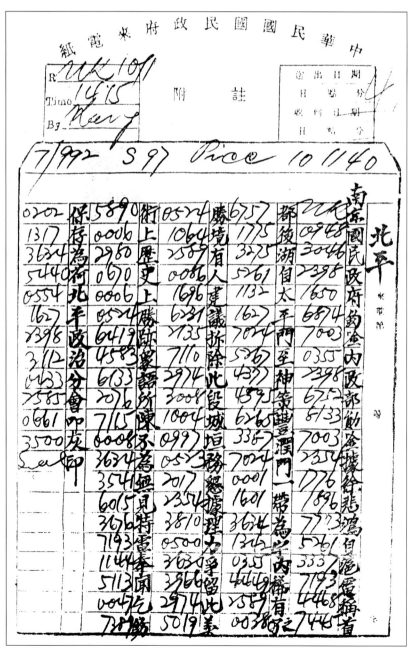

徐悲鸿反对拆城电文

南京市建設部門不应該任意拆除城牆

朱偰

南京城牆建于明朝初年（开始建于公元一三六七年，卽洪武前一年），長达六十三華里余，气魄雄偉，雉堞坚固，是世界上現在保存的最大的一座城池。解放以后，由于城垣年久失修，局部城牆有崩墜危險。南京市人民政府为了保护人民生命安全，又为了便利城鄉物資交流，曾决定局部拆除，当时曾呈准前政务院除保存台城、石头城一帶城牆及中華門門圖外，逐步加以拆除。后又經文化部指示研究保存玄武湖西南兩面一帶城牆，以保存古蹟名勝。但由于南京市建設部門領導人对保护國家文物的重要意义認識不足，旣未能遵照上級政府指示办事，又未經与当地文化行政部門联系，亦未經征詢人民羣众意见，竟擅自拆除上級指定应該保护部分的城牆。今年五月，先拆除太平門到复舟山后一段，長几达一里；到了八月間，竟又擅自动工，拆除石头城鬼臉城以北一段，長达二百五十公尺左右，經江苏省文化局及南京市文物机关發現，先后加以劝止，但已拆成缺口，造成不可弥补的巨大损失。

查南京玄武湖西南兩面，古城迢迢，遙接台城，为南京風景最美丽区域之一。然而，現在从玄武湖翠洲南望，古城西部已出現一大缺口，最煞風景。石头城歷史更早，建于东漢末年孙权之手（公元二一二年），到現在已有一千七百多年的歷史，当年雄踞江上，为南京有名古蹟之一。石头城的范圍，从清涼門起到草場門止，大部分建在石头之上，形势十分雄固，南京人民都知道加以愛护。現在竟遭市政建設部門局部破坏，实在是不可原諒的一种粗暴行为。希望南京市人民委員会立刻查明責任，加以处理，并設法制止任意利用城磚拆除古城。有关負責部門应該立卽作出檢討，并作为教訓，以避免今后再有此类事件發生，致使國家文物造成不可弥补的损失。

1956 年 9 月 23 日，《新华日报》刊登朱偰《南京市建设部门不应该任意拆除城墙》一文

◆ 朱偰

朱偰（1907—1968 年），浙江海盐人，中国著名经济学家、历史学家。在其父历史学家朱希祖的影响下，酷爱风物古迹，"文学之昌盛，人物之俊彦，山川之灵秀，气象之宏伟，以及与民族患难与共，休戚相关之密切，尤以金陵为最"，在文物保护方面做出了杰出的贡献。

为了保护和抢救文物古迹，朱偰在南京开展了长时间的古迹调查研究。在 20 世纪 50 年代南京城墙拆城风波中，时任江苏省文化局副局长的朱偰公开发文呼吁保护南京城墙，电告文化部，请求制止南京拆城，此后社会各界纷纷声援，对南京城墙的保护起到了重要作用。

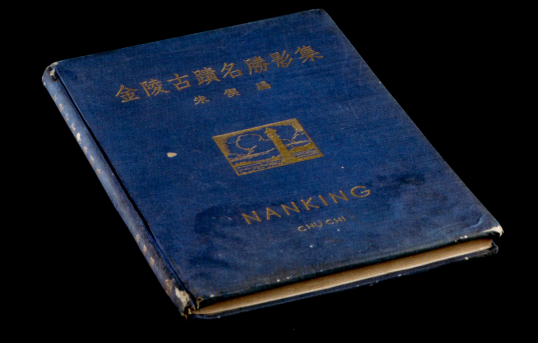

1936年，朱偰完成了著名的《金陵古迹图考》。随后，在此基础上精心挑选名胜古迹照片，配以中英文介绍与诗作，编成了《金陵古迹名胜影集》。该书图片丰富，内容翔实，留下了当时南京城市和历史古迹的珍贵影像资料，是研究南京历史文化的重要著作，更是一批文物保护者守护中华文化遗产的有力见证。

《建康兰陵六朝陵墓图考》

Photos of the Six Dynasties Tombs of Lanling, Jiankang

1936 年

纵 19、横 12.8、厚 0.8 厘米

朱偰在其父朱希祖调查的基础之上，详细调查了南京主城周边的六朝陵墓，足迹遍及当涂、丹阳、秣陵、句容等地，拍摄了多张精美的陵墓石刻照片，最终形成《建康兰陵六朝陵墓图考》一书。

该书提供了大量的六朝陵墓影像资料，对所涉及的陵墓及石刻作了初步考证，为研究南京六朝历史文化奠定了深厚的基础，也为今后人们寻访六朝古迹提供了方向。时过境迁，岁月流逝，大量六朝陵墓遗迹已经被破坏，这本图录更显得弥足珍贵。

"山水风景摄影展览会"照片
Photos of "Landscape Photography Exhibition"

民国时期（1912—1949年）

1936年10月，朱偰在南京举办"山水风景摄影展览会"，展示了他的大量摄影作品。

南朝宋武帝刘裕陵照片展示了陵墓的神道及两侧石刻。刘裕陵位于今南京麒麟门外，现已遭到破坏。该照片为了解南朝陵墓布局、神道石刻形制等留下了珍贵的历史影像资料。

南朝梁安成康王萧秀墓石刻照片上，石刻辟邪装饰朴实，雕刻浑厚有力，别具风格。该照片为研究南朝陵墓石刻的形制特点、雕刻技艺、风格演变等留下了珍贵的历史影像资料。

南京栖霞山六朝陵墓石刻照片上，石刻装饰古朴，线条流畅，灵动有力，是研究南京栖霞山一带六朝陵墓石刻的形制特点、雕刻技艺等的宝贵资料。

南朝梁吴平忠侯萧景墓阙照片展示了墓前的神道石柱，石柱完好无损，分柱座、柱体、柱盖三部分，柱盖上有莲花座，上有小辟邪一只，石柱柱额上正书反刻"梁故侍中中抚将军开府仪同三司吴平忠侯萧公之神道"。该神道石柱现为保存最完整、最有代表性的南朝石柱。这张照片记录了民国时期南朝梁萧景墓阙的历史面貌，对于了解南朝石刻的艺术水平及保护情况等有着重要意义。

南京牛首双阙照片呈现出民国时期牛首山的历史风貌，照片中牛首山山峦奇特，双阙凸起，连绵起伏。

南朝宋武帝刘裕陵照片　纵14.6、横24.8厘米

南朝梁安成康王萧秀墓石刻辟邪照片　纵15.7、横24.1厘米

南京栖霞山六朝陵墓石刻照片　纵21.6、横30.1厘米

南朝梁吴平忠侯萧景墓阙照片
纵 25.5、横 18.5 厘米

南京牛首双阙照片
纵 11.2、横 24.4 厘米

◆ 金琦

金琦（1924—2007年），陕西宝鸡人，江苏省文物管理委员会文物鉴定组组长，长期从事文物保护和考古研究工作，负责六朝陵墓石刻、浡泥国王墓等整修工程。1955—1956年，金琦带领南京市文物管理委员会按照城砖产地、质地及特异城砖标准，从草场门等拆城工地中遴选出4206块标本砖进行收藏，保留下一批有重大历史意义的城砖。

陶俑头
Pottery Figurine Head

明（1368—1644年）

高4厘米

南京市博物馆藏

以黏土烧制而成，其上简单捏刻人物五官。此件陶俑头发现于草场门出土的一块断裂的城砖内，推测可能为辟邪祈吉之物。

《金川门工地工作报告》（部分）

Work Report of Jinchuan Gate Construction Site（Partial）

1956 年

纵 29、横 21 厘米

此报告由金琦撰写于 1956 年 7 月，记录了金川门段城墙及涵洞的现状和拆除情况等，包含城墙现状、城墙结构、现场发现部分城砖铭文等重要历史信息。

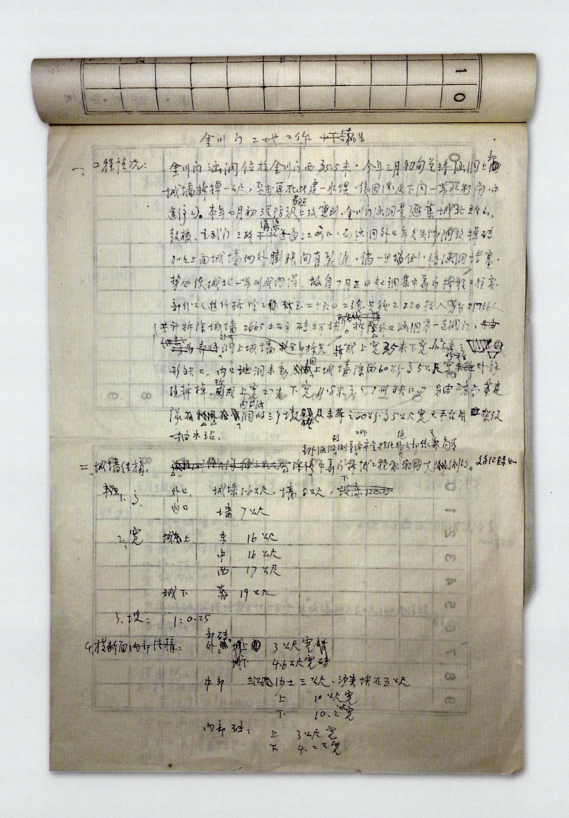

新开城门

为适应城市的扩张，方便城内外交通，缓和城市发展与城墙保护之间的矛盾，1927 年以来，南京城墙上增开了一系列新的城门，包括中华东门、中华西门、汉中门、挹江门、新民门、中央门、武定门、雨花门等。

1949 年后，又开辟了解放门、集庆门、华严岗门、长干门、标营门、光华东门、蓝旗街通道等一系列城门与通道。

20 世纪以来新筑城门分布示意图

中华东门明信片
Postcard of East Zhonghua Gate

民国时期（1912—1949 年）
纵 9、横 14 厘米

　　这张明信片记录了南京保卫战后中华东门的面貌，门额上"中华东门"四字清晰可辨。

中华西门照片
Photo of West Zhonghua Gate

民国时期（1912—1949 年）
纵 3.8、横 5.3 厘米

　　这张照片展现了中华门西侧的一段城墙，近处是中华西门。画面前方是中华门外的长干桥。

"中华东门 中华西门" 白矾石门额

Alumstone Boards over the Gates of "East Zhonghua Gate and West Zhonghua Gate"

民国时期（1912—1949 年）

八块

每块长 80、宽 77、厚 11 厘米

　　此套门额置于城门上方，正面近似正方形，分别阴刻"中""华""东""门""中""华""西""门"字样，结构基本完整，其中一件"中"字门额残缺。门额均由浅灰色白矾石制成，这种石材为南京地区特有。"西""门"两块门额上还存有 1937 年日军炮轰中华门留下的弹孔痕迹，是南京保卫战的历史记录，也是南京城墙最后一次发挥军事防御功能的重要见证。

　　1931年，为适应城市现代化建设需要，方便城内外车辆通行，在中华门瓮城东西两侧分别开辟了中华东门、中华西门，随后制作门额镶嵌于城门上。这两座门均为单孔券门，城门高大，便于车辆通行。1955年，中华门西侧城墙因长期渗水变形而坍塌，中华东门和中华西门相继被拆除，城门门额自此遗失。2007年，中华东门、中华西门复建。2012年，南京重建老门东和大报恩寺时，此套门额重现于世。

城门更名

1928年4月,南京市教育局向市政府提出,南京部分城门名"非寓有封建思想,即涉及神怪谬说,于现代潮流颇不适合",应对部分城门进行更名。随后,国民政府下令对聚宝门等七座城门进行更名。

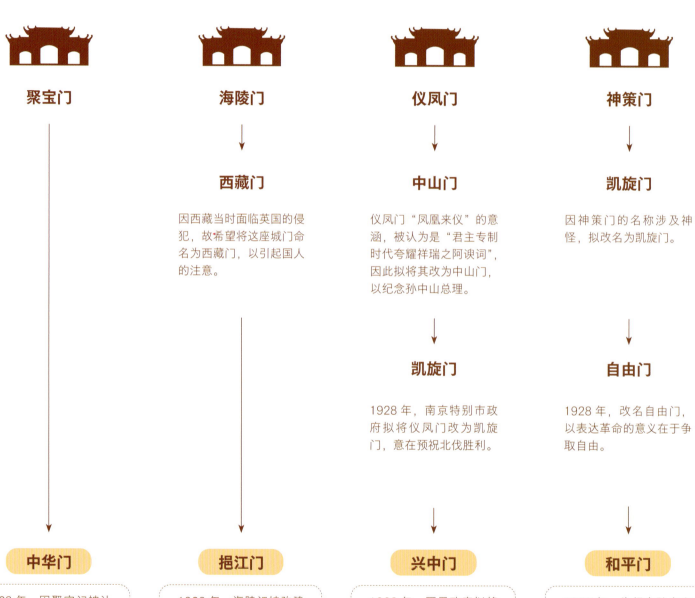

聚宝门

海陵门
↓
西藏门
因西藏当时面临英国的侵犯,故希望将这座城门命名为西藏门,以引起国人的注意。

仪凤门
↓
中山门
仪凤门"凤凰来仪"的意涵,被认为是"君主专制时代夸耀祥瑞之阿谀词",因此拟将其改为中山门,以纪念孙中山总理。

神策门
↓
凯旋门
因神策门的名称涉及神怪,拟改名为凯旋门。

凯旋门
1928年,南京特别市政府拟将仪凤门改为凯旋门,意在预祝北伐胜利。

自由门
1928年,改名自由门,以表达革命的意义在于争取自由。

中华门
1928年,因聚宝门被认为有迷信之意,故改名为中华门,以纪念中华民国成立。

挹江门
1928年,海陵门被改建为一座三孔券门,因城门临近长江,故改名为挹江门。

兴中门
1928年,国民政府拟将凯旋门改为兴中门,取意兴旺中华民国,同时也取孙中山总理成立的"兴中会"之名。

和平门
1928年,为纪念孙中山总理以和平为固有道德的遗训,同时为表达"以和平奋斗救中国"的理念,改名和平门。

丰润门

↓

中正门

为纪念蒋介石总司令领导革命努力北伐之功，改名为中正门。

↓

桃源门

1928 年，南京特别市政府拟将丰润门改为桃源门，因城门外的玄武湖不受军事影响，堪称世外桃源，故将玄武湖改为桃花源，临近的丰润门改为桃源门。

↓

玄武门

1928 年，国民政府依城门外玄武湖，将城门定名为玄武门。

朝阳门

↓

汤山门

朝阳门被认为是帝制时代产物，因这座城门可直达汤山，拟改名为汤山门。

↓

中山门

1928 年，南京特别市政府拟将朝阳门改为中山门，意在纪念孙中山总理。

正阳门

↓

洪武门

1928 年，南京特别市政府拟将正阳门改为洪武门，以纪念明太祖和洪秀全。

↓

光华门

1928 年，国民政府为纪念辛亥革命江浙联军由此进入，光复南京城，改正阳门为光华门，取光复中华之意。

兴中门明信片
Postcard of Xingzhong Gate

民国时期（1912—1949 年）

纵 9、横 14 厘米

明信片展示了民国时期的仪凤门，城门内外往来行人络绎不绝。民国时期，仪凤门一度改名为"兴中门"，由时任国民政府行政院院长谭延闿题写。在这张照片上，可见城门上方悬挂有"兴中门"门额，为民国时期的城门更名留下了珍贵历史记录。

中山门明信片
Postcard of Zhongshan Gate

民国时期（1912—1949 年）

纵 9、横 14 厘米

图中展示的是民国时期的中山门，此时城门在南京保卫战中遭到了侵华日军的炮击，部分受损，在其西侧的城墙上可见中国守军的机枪口。民国时期，朝阳门改名为"中山门"，随后外瓮城被拆除，在城门原址上改建了这座三孔券门。

光华门照片
Photo of Guanghua Gate

1937 年
纵 13.9、横 8.9 厘米

　　此照片摄于 1937 年南京保卫战后，光华门门拱几乎坍塌，墙体斑驳。1937 年 12 月的南京保卫战中，光华门是侵华日军在南京东南线的攻击重点之一，中国守军凭借护城河和反坦克壕沟一度成功拒敌于城外。这张照片上，光华门的炮击痕迹是这座城门在南京保卫战中经历激战的证明。

城墙管理

　　民国时期，国民政府一方面拆除沿城墙搭建的民房，打击盗挖城墙地基砖土，加强城门通行管理；另一方面对战时受损的城墙和城门进行修缮。

南京《首都城门出入证》
Capital City Wall Gates Pass of Nanjing

1936 年
合起：纵 10.5、横 7 厘米
展开：纵 10.5、横 14.5 厘米

　　这是民国时期进出首都南京的一件城门出入证。此证由南京警备司令部于 1936 年颁发给工程设计员姚克钧，证件内页右侧有证件编号及持证人照片、姓名、籍贯、年龄、职务等信息记载，并加盖"南京警备司令部"钢印，内页左侧印有《首都城门出入证规则》及发证日期，上加盖"南京警备司令部发"印章。

　　自国民政府定都南京开始，城市安全愈发重要。1932 年"一·二八事变"后，战争一触即发，受此影响，南京城门的通行管理更为严格。该城门出入证是战前南京严格的城门管理制度的有力物证，是研究民国时期南京城门进出制度的重要实物资料。

《首都志》
Chronicle of Capital

1935 年

二册

上册：纵 22、横 15、厚 3 厘米

下册：纵 22、横 15、厚 3.5 厘米

　　《首都志》1935 年由正中书局出版发行，分为上、下两册，由叶楚伧、柳诒徵主编，王焕镳编纂，共十六卷。本书保存完好，蓝色封皮，略微褪色，书中图文并茂，资料翔实，整理历代古籍文献中关于南京的记述，从历史沿革、范围、城垣、街道、气候、食货、礼俗等方面记载了南京的历史文化变迁，为研究南京历史提供了丰富的参考资料。

　　中国有着悠久的历史和丰富的文化，历朝历代都留有珍贵的历史文献供后人探寻。南京著名的史志文献有《建康实录》《景定建康志》《至正金陵新志》等，明清时期的史志更是多达百种。民国时期，南京作为首都的历史被《首都志》这一城市志记录下来，留下了详尽的史料，从中可见城墙在现代的变迁。

城墙旧影

　　六百五十多年的城墙见证了城市的扩张与变迁，也见证了城市中人们生活方式的转变。清代以来，大量有关南京城墙的历史影像保留至今，真实地记录着城墙一次次见证的历史事件和城墙环绕下人们的生活点滴。

太平门照片
Photo of Taiping Gate

民国时期（1912—1949 年）
纵 21.6、横 28.4 厘米

　　照片展示了 1911 年江浙联军光复南京后的太平门内侧景象，士兵、百姓往来穿梭于城门内外，道路两边搭建有房屋。太平门是辛亥革命中江浙联军进攻的重点之一，因在战争中受到严重炮击，城楼已残破。

南京城墙小桃园段照片
Photo of Xiaotaoyuan Section
of Nanjing City Wall

民国时期（1912—1949 年）
纵 8.1、横 10.5 厘米

照片展示了民国时期的小桃园段城墙，城墙依山而建，城墙外搭建有房屋，此照片记录着人们在城墙下的生活。

南京城墙玄武湖段照片
Photo of Xuanwu Lake Section
of Nanjing City Wall

民国时期（1912—1949 年）
纵 8.9、横 13.9 厘米

照片展示了民国时期玄武湖段城墙的景象，在城墙和玄武湖之间有成片的农田，远处是紫金山。

南京风景明信片
Postcards of Nanjing Landscape

民国时期（1912—1949 年）

九张

每张纵 9、横 14 厘米

夫子庙与秦淮河

城市街景

明孝陵石象

新街口

从雨花台望中华门

鼓楼

这组彩色明信片记录了民国时期的南京城市景观，可以看到中华门和玄武湖段的城墙。

玄武湖畔的城墙

临长江的下关码头

莫愁湖畔胜棋楼

立体照片观片机

Stereo Photo Player

民国时期（1912—1949 年）

合起高 8.5、展开高 43、长 27.5、宽 18 厘米

　　摄影术诞生以后，人们不满足于单镜头相机拍摄出的二维照片效果，于是模拟人类双眼因视差而产生立体效果的视觉原理，发明了双镜头的立体相机，以及与之配套的立体照片观片机。立体照片是立体摄影技术诞生之后的产物，出现于 19 世纪 50 年代。因带给人们独特的视觉效果而深受欢迎，一直流行到 20 世纪 30 年代。

　　这件立体照片观片机为实木折叠式，包含镜片架、透光镜及两个凸透镜。其中镜片架可调节立体照片摆放的距离和角度，透光镜用以保证立体照片所在位置的光源充足，两个凸透镜之间的距离与人双眼之间的距离相同，使用者通过两个凸透镜对立体照片进行观赏。这件立体照片观片机结构完整，制作精巧，保存完好，可以观看和放大立体照片，是摄影术发展的重要见证物。

南京城墙立体照片
Stereo Photos of Nanjing City Wall

清末至民国时期

四张

南京城墙立体照片　纵 9、横 18 厘米

南京百姓拉石碾修路立体照片　纵 9、横 18 厘米

这组立体照片由当时最大的立体照片制作公司金士顿公司（Keystone View Company）出品。四张立体照片保存完好，清晰记录了清末至民国时期的一系列南京城市景象。照片正面均用英文记录了立体照片的制作公司、照片名称等信息，背面有对该张照片内容的详细英文介绍，是珍贵的历史资料。

清末至民国时期，大批国外摄影师来到中国，用立体摄影术记录下了当时中国的真实景象，并制作成立体照片。在南京现留存的立体照片中，南京城墙、明孝陵、紫金山、扬子江等是较为常见的景象。

南京城墙紫金山段立体照片　纵 9、横 18 厘米

扬子江畔南京城墙立体照片　纵 9、横 18 厘米

南京城墙黑白玻璃幻灯片
Black and White Glass Slides of Nanjing City Wall

清末至民国时期

二张

南京城墙三山门段黑白玻璃幻灯片　长 10.2、宽 8.1 厘米

南京城墙及扬子江黑白玻璃幻灯片　长 10.2、宽 8 厘米

这两张玻璃幻灯片，由金士顿公司（Keystone View Company）出品，保存完好。分别记录了清末至民国时期南京三山门段的城墙景象、南京城墙外的城市风光，以独特的视角表现了城墙与城市的关系。幻灯片背面附有对这张照片内容的详细英文说明，是珍贵的史料。

19 世纪 50 年代出现了"火棉胶摄影法"。火棉胶是一种黏性液体，可黏在光滑的玻璃板上，制成玻璃感光版。很长一段时间里，玻璃感光版成为记录影像的主要载体，以玻璃为影像载体的玻璃幻灯片也流行开来。

地图中的城墙

　　地图记录着城市的发展与时代的变迁。晚清至民国时期，外国地理学家、传教士等为了解中国各地区的地形、交通及建筑等情况，在北京、上海、南京等城市，运用科学的测绘技术和精密的绘图手法，绘制了一批城市地图。这些地图是当时外国人了解和认识中国城市的第一手资料，也是当时中国城市结构与规划的真实写照。

　　在清末至民国时期的南京地图中，能够看出城门、瓮城等重要历史信息，也能追溯随着城市的发展，南京城区一步步跨越城墙边界的演变足迹。

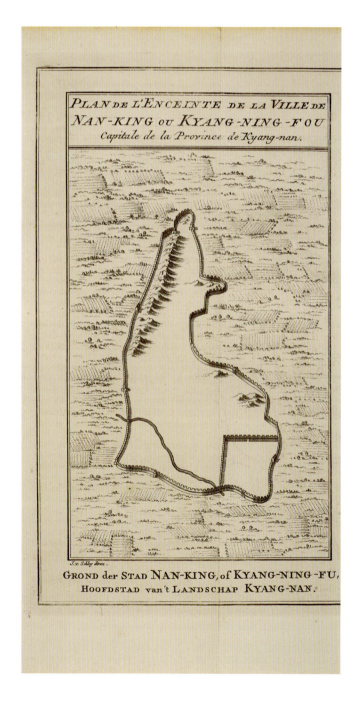

南京城墙平面图
Map of Nanjing City Wall

1749 年
纵 25、横 13.3 厘米

　　此地图由法国地理学家雅克－尼古拉·贝林（Jacques-Nicolas Bellin）绘制。地图主体为南京京城城墙及满城，城墙上细致描绘了雉堞，以及部分城门的位置和形态。城墙以外的信息较为简略，标出了城内的主要山脉和河流，城外均以田地或植被示意，地图上方以法语标明南京又称江宁府，是江南省的省会，信息准确。

　　贝林是法国著名的地理学家，百科全书派成员，其地图的准确性和工艺标准领先欧洲，这张地图是 18 世纪欧洲人了解南京城墙的直观图像。

这张彩色地图为外文报刊上的插图，出版于19世纪。图上显示，清代京城城墙和明故宫被改筑为"满城"及其内的宫城，并标注了城外的大报恩寺、明孝陵、浦口城等重要地标，玄武湖、长江等主要水系，以及主要山脉，写明了比例尺和经纬度坐标，为了解南京和地图绘制史提供了宝贵的历史资料。

N° 82. — NANKING.

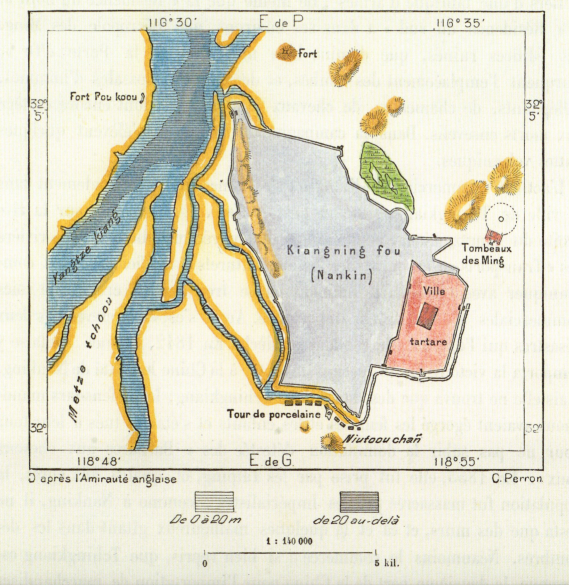

Fort

Fort Pou koou

Yangtze kiang

Metze tchoou

Kiangning fou
(Nankin)

Tombeaux
des Ming

Ville
tartare

Tour de porcelaine

Niutoou chañ

116°30'   E de P   116°35'

32°5'   32°5'

32°   32°

118°48'   E de G.   118°55'

D'après l'Amirauté anglaise   C. Perron.

De 0 à 20 m   de 20 au-delà

1 : 140 000

0   5 kil.

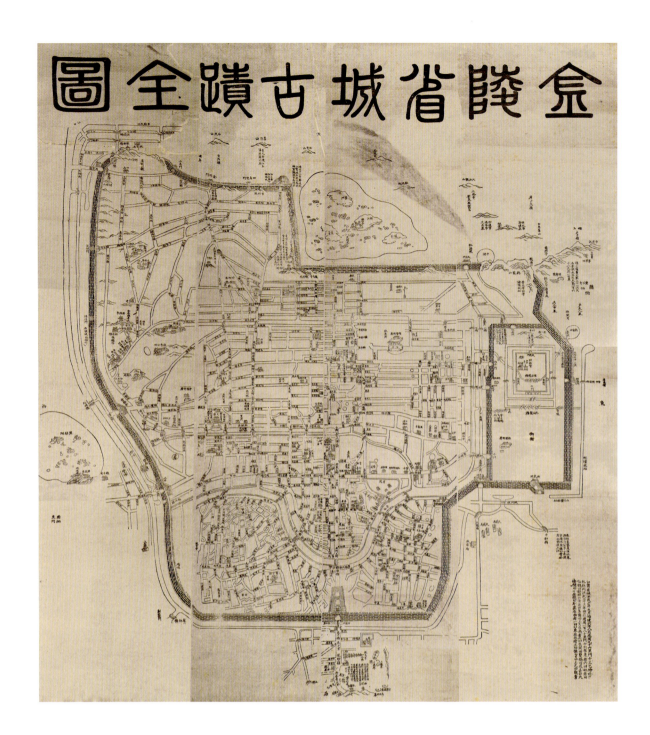

金陵省城古迹全图

Complete Map of Jinling City and Its Historical Sites

清（1644—1911 年）

纵 113、横 128 厘米

    这张地图由四条屏拼合，每幅纵 113、横 32 厘米（接缝处有重叠）。作为一张"古迹全图"，地图重点描绘了晚清时期南京的名胜古迹，包括钟山、玄武湖、莫愁湖、鸡鸣寺等，图文并茂。同时细致描绘了南京的街道、河流、桥梁以及衙署、祠庙等，内容丰富，系统展现了南京的文化景观与城市空间。

    地图上的南京城以明代京城城墙为边界，所绘名胜集中于城内与城墙沿线一带。对于京城和宫城城墙，以及清代由皇城改筑的满城都有详细描绘，城墙上的雉堞、城门、城楼、瓮城、水关等结构清晰可辨，特别是形象地呈现出了聚宝门（中华门）的三重内瓮城，记录了神策门更名得胜门的由来等信息。可见南京城墙不仅构成了城市空间的边界，也作为重要的"古迹"进入了人们的视野。

南京铁路图
Map of Nanjing Railway

1915 年

纵 54、横 38.5 厘米

20 世纪初，日本人为了解南京的地形、交通与城市情况，运用先进的测绘技术，绘制了关于南京的城市地图。这张地图就是其中之一。在这张《南京铁路图》中，以南京城墙为城市边界，清晰标注了市区内外铁路、道路，能够清晰地看出南京城市道路系统与城墙的关系。

在这张地图上，铁路绕过狮子山，自京城城墙的金川门入城，自西北向东南穿过城市中心，止于当时的审计部附近，此时铁路未通往城外。至 1936 年，开通了雨花门，市内小铁路得以穿过城墙向南延伸，连通江南铁路。

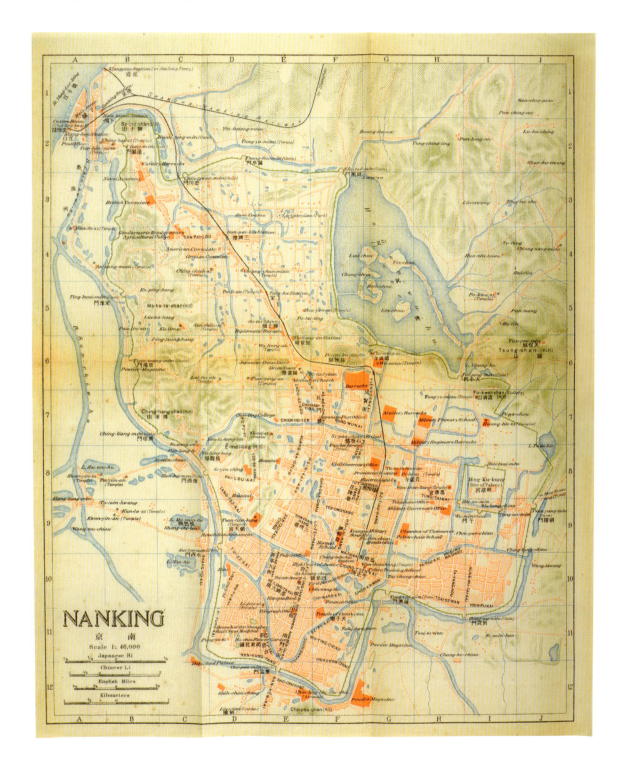

异域之眼看城墙

　　自明万历年间利玛窦来访南京，至民国时期，外国传教士、商人、政治家等通过书籍、版画、照片，描绘了他们眼中的南京城墙，记录了不同时代、不同文化背景下外国人对南京，乃至对中国的认识，从中亦可见中外文化交流的历程。

◆ 利玛窦

　　利玛窦（Matteo Ricci），天主教耶稣会意大利籍传教士。明朝万历年间来到中国传教，晚年用意大利文撰写其传教经历，形成《利玛窦中国札记》。

《利玛窦中国札记》（拉丁文版）
The Journals of Matteo Ricci Visiting China (Latin Version)

1639 年

纵 11.7、横 6.7、厚 1.5 厘米

此本《利玛窦中国札记》保存完好，制作精巧，是早期荷兰初版的拉丁语袖珍版本，由传教士金尼阁在利玛窦札记手稿基础上编译而成。金尼阁是与利玛窦同时期来华的传教士，在编译过程中，金尼阁增添了有关传教史和利玛窦的信息。这本《利玛窦中国札记》拉丁文名为"Regni Chinensis Descriptio"，即"中国统治的描述"，对于研究明代中西交流史、耶稣会传教史等颇具价值。

明万历年间，利玛窦到达南京传教，此后又两次到访南京。在札记中，利玛窦描绘了他在南京的所见所闻以及对南京城的美好印象，"这座都城叫作南京……在中国人看来，论秀丽和雄伟，这座城市超过世上所有其他的城市；而且在这方面，确实或许很少有其他城市可以与它匹敌或胜过它。它真正到处都是殿、庙、塔、桥，欧洲简直没有能超过它们的类似建筑"。

利玛窦对南京城墙的印象尤深，并由内至外对其进行了详细的描绘："其中第一层和最里面的一重，也是最华丽的，包括皇宫。宫殿依次又由三层拱门墙所环绕，四周是壕堑，其中灌满流水。这座宫墙长约四、五意大利里……第二重墙包围着包括皇宫在内的内墙，囊括了该城的大部分重要区域。它有十二座门，门包以铁皮，门内有大炮守卫。这重高墙四周差不多有十八意大利里……第三重和最外层的墙是不连续的……两个人从城的相反两方骑马相对而行，花了一整天时间才遇到一起。"利玛窦对南京城墙和南京的描述通过《利玛窦中国札记》传播到西方世界，填补了元朝《马可·波罗游记》中关于南京记载的空白，堪称是目前所知西方人对南京最早、最详细的记载。

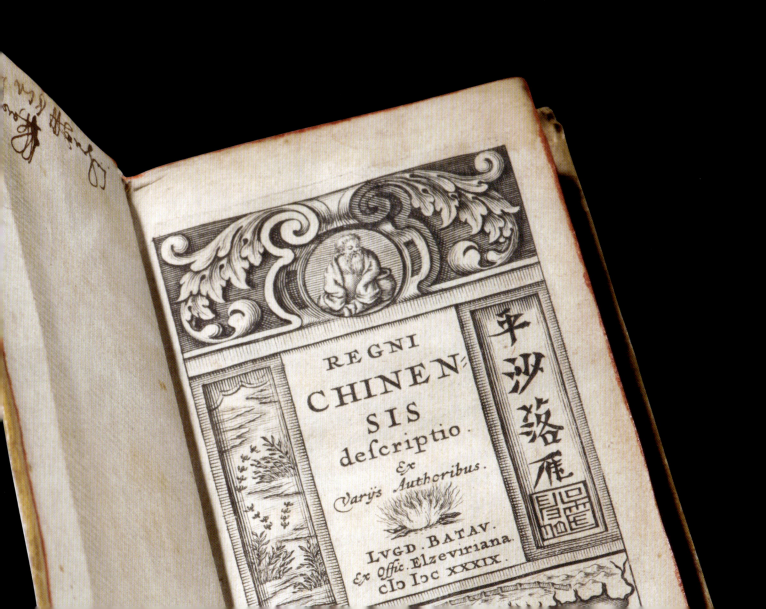

纵 19.8、横 13.5、厚 3.5 厘米

这本《利玛窦中国札记》由意大利籍传教士利玛窦著，美国耶稣会士加莱格尔（Louis J. Gallagher）译，于 1942 年出版。此版本名为《西方传教士眼中的大明》（*The China That Was: China as Discovered by the Jesuits at the Close of the Sixteenth Century*）。

MATTHEW RICCI, S.J. (1552–1610)
Cofounder of Jesuit Missions in China — Scientist — Author of Chinese scientific and religious works

The China That Was

China As Discovered by the Jesuits
at the Close of the Sixteenth Century

L. J. GALLAGHER, S.J.

From the Latin of
NICHOLAS TRIGAULT, S.J.

THE BRUCE PUBLISHING COMPANY
MILWAUKEE

◆ **曾德昭**

曾德昭（Alvaro Semedo），葡萄牙人，天主教耶稣会传教士，明朝末年来华，在中国居住三十余年，历经了明万历、天启、崇祯三个时代。明崇祯年间，曾德昭完成了《大中国志》，记录了他在中国的所见所闻，包括中国各地的风土人情，涉及政治、经济、地理、语言、风俗等多个方面的内容。

《大中国志》（意大利文版）
The History of That Great and Renowned Monarchy of China（Italian Version）

1643 年

纵 20.5、横 16.5、厚 2.5 厘米

《大中国志》原文为葡萄牙文，后被译成意大利文，于 1643 年出版。内页附有曾德昭的画像。该书保存完好，内页略微泛黄。本书意大利文版被视为权威版本，此后法文版、英文版，均译自意大利文版，本馆收藏的这本《大中国志》极为珍贵。

在《大中国志》中，曾德昭对明代南京城作了详尽的描述："我认为它是全国最大最好的城市，优良的建筑，宽大的街道，风度优雅的百姓，以及丰富优良的种种物品。……城墙有 12 道门，用铁作闩，以炮防守；城外远处，有一道完整无损的墙，其四周（因我想知道它的长度）是马行两日的路程。内墙 18 英里。两墙之间有很多住户、园林及开耕的农田，收获可作为大约 4 万城内戍军的粮食。"南京的皇宫、城墙、庙宇等都使他赞叹不已，该书不仅是西方人观察、了解中国的第一手资料，也是研究明代南京的重要参考文献。

RELATIONE
DELLA GRANDE
MONARCHIA
DELLA CINA
DEL
P. ALVARO
SEMEDO PORTVGHESE
DELLA COMPAGNIA
DI GIESV.
CON PRIVILEGIO.

ROMÆ,
Sumptibus Hermanni Scheus
M. DC. XXXXIII.
Sub Signo Reginæ.

---

dell'honor diuino, con li quali l'E. V. è diuenu-
ta non dico Protettrice, mà quasi debitrice à
qual si sia opera, e magnanima impresa, som-
ministrino vigore, e spirito alla vacillante mia
destra a maneggiar francamente la penna sotto
li fauoreuoli influssi della sua protettione, e spie-
gare sotto il miele della Pietà Barberina le pe-
regrine dolcezze della nouella vigna coltiuata
molt'anni sono dagli Agricoltori Euangelici di
questa minima Compagnia di Giesù; sperando
nel suo ritorno, che addolcita e inzuppata nel net-
tare della Pietà sourumana di Prencipe così
zelante, instillerà ne'cuori de'Cinesi quell'affet-
to, che tutti deuono à chi gode d'abbassarsi con
tutti, per innalzargli all'immortalità della Glo-
riá. Non disdegni l'Eminenza Vostra questo
saggio di frutta straniere del Cinese giardino,
& in esso l'ossequio, col quale ✠ io, e la Chiesa
tutta di quell'Imperio sotto la protettione di
Vostra Eminenza ci ricouriamo. Supplico hu-
milmente la Diuina Maestà, che la protegga
e prosperi alla publica felicità.

Di Vostra Eminenza

Humiliss. Seruo   Aluaro Semedo.

PRI-

PRIMA PARTE.
DELLO STATO
TEMPORALE
DELLA CINA.

◆ 约翰 · 尼霍夫

约翰·尼霍夫（Johan Nieuhoff），荷兰商人。清顺治十二年（1655 年），约翰·尼霍夫随荷兰东印度公司使团前往中国访问，途经南京，记录了沿途所见景象，在南京创作了多幅图画，详细记录当时南京城内外建筑以及百姓生活状况，其中最著名的莫过于大报恩寺塔。

《荷兰东印度公司使节团访华纪实》（拉丁文版）

Record of Diplomatic Delegation of Dutch East India Company Visiting China (Latin Version)

1668 年

纵 32、横 20.5、厚 4.5 厘米

清顺治十二年（1655 年），约翰·尼霍夫随荷兰东印度公司使团前往中国访问，并将沿途所见景象记录下来，回国后，辑录成此书。1665 年，阿姆斯特丹书商出版了荷文和法文版，引起轰动。此后各种版本、译本层出不穷，成为欧洲人了解中国的另一个重要渠道。这本《荷兰东印度公司使节团访华纪实》为 1668 年阿姆斯特丹出版的拉丁文版，十分珍贵。

17—18 世纪，欧洲兴起"中国热"，西方人通过绘画的形式，描绘了他们眼中充满异域情调的古老东方。《荷兰东印度公司使节团访华纪实》详细介绍了 17 世纪中国的地理、文化、风景和建筑等情况，并配有涉及中国民俗服饰、生物、矿产等方面的各类铜版画

插图，收录了约翰·尼霍夫的数张手绘铜版画。

此书中有对南京城墙的详细描述和记载："城墙高逾三十尺，下面垒石，上面砌砖，非常平整结实，城墙上还有垛碟。该城有十三座城门，每门都装有铁门，城门两旁有很多卫兵严密守卫。有些城门并排四个拱门，有些城门有五个拱门，经过这些拱门才能进出城。我们在水西门，也即水门前停泊……在这一著名的南京城南边，我们看见那座中国的国王们长期住过的宫殿。宫殿是在高大的砖墙里，呈四方形，有三个前院，这三个前院的直线总长有二万步。"

方殿华（P. Louis Gaillard），法国汉学家、耶稣会传教士。清光绪年间来到中国，研究中国历史文化风俗等。在被派往南京布道期间，足迹遍布南京城，后将其在南京所见所闻编纂成《金陵古今》系列图书，绘制《江宁府城图》。

《金陵古今：南京通商口岸》
Ancient and Modern Jinling: Nanking Port Ouvert

1901 年

纵 25、横 17、厚 5.5 厘米

1901 年，《金陵古今》遗稿中的《南京通商口岸》出版，该书中有对南京城的大量描述与记录，并附有大量珍贵影像，是清代晚期南京城墙和南京城市的重要历史见证，具有独特的历史参考价值。

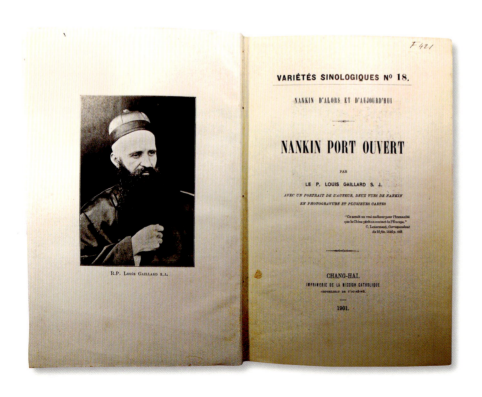

南京还有一道围墙，圆齿形的，但并不是筑有棱堡的，包括所有弯道，这道围墙总长 38 千米。这一点就使得南京能与巴黎一较高低，巴黎围墙的总周长是 9 英里。在面积上，除了北京，南京也超过了其他所有修筑了城墙的城市。

——方殿华

XV T'ai-p'ing men.

XVI Muraille près de Ts'ing-liang chan. Lac hors ville.

　　《中国全志》，全称《中国及其所属鞑靼地区的地理、历史、编年纪、政治和博物》。作者为法国耶稣会神父、著名汉学家杜赫德（Jean-Baptiste Du Halde）。他广泛收集在华耶稣会士有关中国的信札、著作、手稿等内容，将其编撰成《中国全志》。

　　该书 1735 年在巴黎首刊，共 2500 页，分为四卷，包含中国地理、历史、政治、宗教、经济、民俗、物产、科技、文学等各个领域的内容，汇集了百余年间在华耶稣会传教士探访中国的成果，是西方人认识中国的重要知识来源。南京城墙博物馆收藏的《中国全志》是 1741 年于伦敦出版的英译本，对于研究当时中国的历史文化具有重要参考价值。

南京城墙版画
Print of Nanjing City Wall

1842 年

纵 19.2、横 27 厘米

　　该版画由英国建筑师、地形插画师托马斯·阿洛姆（Thomas Allom）绘制，英国雕刻师爱德华·拉德克利夫（Edward Radclyffe）刻制，发行于 19 世纪中叶。画面从大报恩寺的方向向西望去，描绘了聚宝门至三山门段的城墙与城内外景象，城墙上雉堞清晰可见，房屋沿外秦淮河两岸绵延分布，城墙内建筑密集，外秦淮河上船只往来，远处山峰层叠不穷，以表现力极为细腻的版画形式，最大程度地表现了 19 世纪的南京城市风貌。

Drawn by T. Allom.　　　　　Sketched on the spot by Capt.ⁿ Stoddart, R.N.　　　　　Engraved by E. Radclyffe.

Nanking from the Porcelain Tower.

Nanking vue de la tour de porcelaine.　　　　　*Nanking von dem Porcelan-Turm gesehen.*

THE LONDON PRINTING AND PUBLISHING COMPANY, LIMITED

WESTERN GATE PEKING.   THE BRIDGE OF NANKING.

HIEN-FOU, THE EMPEROR OF CHINA.—SEE PRECEDING PAGE.

南京长干桥外文图书插页

Illustration of Changgan Bridge, Nanjing in Foreign Language Book

1860 年

纵 21、横 26 厘米

　　此图是《伦敦新闻画报》（*The Illustrated London News*）上的一张版画插页，发行于 1860 年 10 月 13 日。画面左右两侧分别描绘了西方人视角下晚清时期的北京和南京，右下方是聚宝门外的大报恩寺，长干桥横跨于外秦淮河之上，左下方是北京城墙西直门，画面中央描绘的是清朝咸丰皇帝。整个画面以左右对称的形式，形成了当时南京与北京的强烈对比，直观反映了当时西方人眼中的中国社会风貌。

南京城书页插画
Illustration of Nanjing City

1907 年

纵 9.3、横 13.2 厘米

　　此插画由西方人绘制于 19 世纪中叶，这张是 20 世纪初出版的书页插画。其中的南京城市与城墙被赋予了很多想象色彩，远处的南京京城城墙被加上了马面，城墙与周边景物的比例关系也有所失调。

THE CITY OF NANKIN.

《江南事情》

Stories of Jiangnan

1910 年

纵 22.5、横 16、厚 2.8 厘米

　　这本《江南事情》是由上海出品协会编纂，上海日本堂书店于 1910 年出版发行的精装本，书中撷选南京、上海、苏州、镇江等地内容，并附以大量照片，真实反映了清代晚期中国的城市风貌。

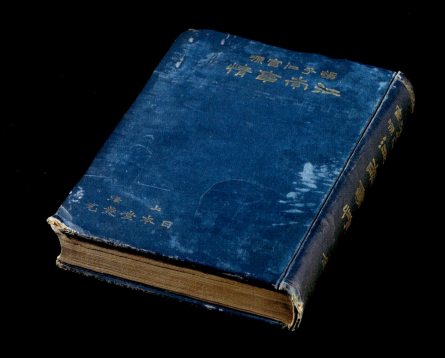

（五龍橋）

一七

仪凤门外文图书插页
Illustration of Yifeng Gate in Foreign Language Book

1920 年

纵 26.3、横 19.5 厘米

此插页发行于 1920 年 6 月 9 日，是"年度照片"展览的内容，照片名为"南京西门"，图为位于南京城西北的仪凤门。画面上清晰展示了民国时期仪凤门内外行人与车辆往来络绎不绝的景象，城门门券、门扇，以及城门内墙体上的条石城砖清晰可见。

THE AMATEUR PHOTOGRAPHER & PHOTOGRAPHY

June 9, 1920

WEST GATE, NANKING.

From the " Photograms of the Year " Exhibition.

BY F. E. HODGES (Shanghai).

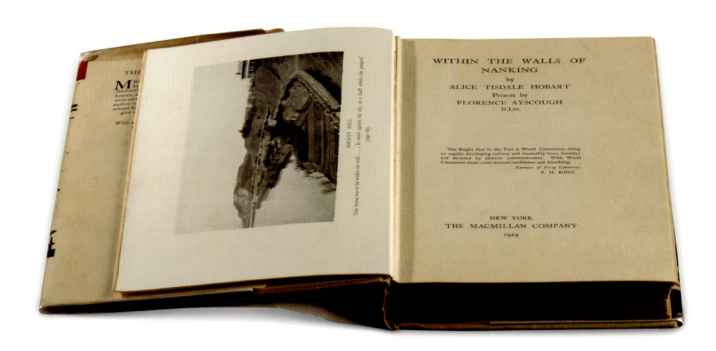

《南京城墙内》

Within the Walls of Nanking

1929 年

纵 19.5、横 13、厚 2.7 厘米

　　《南京城墙内》由美国纽约麦克米兰公司于 1929 年
出版，作者爱丽斯·提斯代尔·霍巴特（Alice Tisdale
Hobart）为美国作家、小说家。书中包含对南京城墙的描绘。

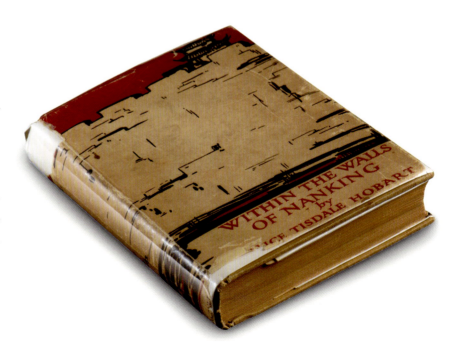

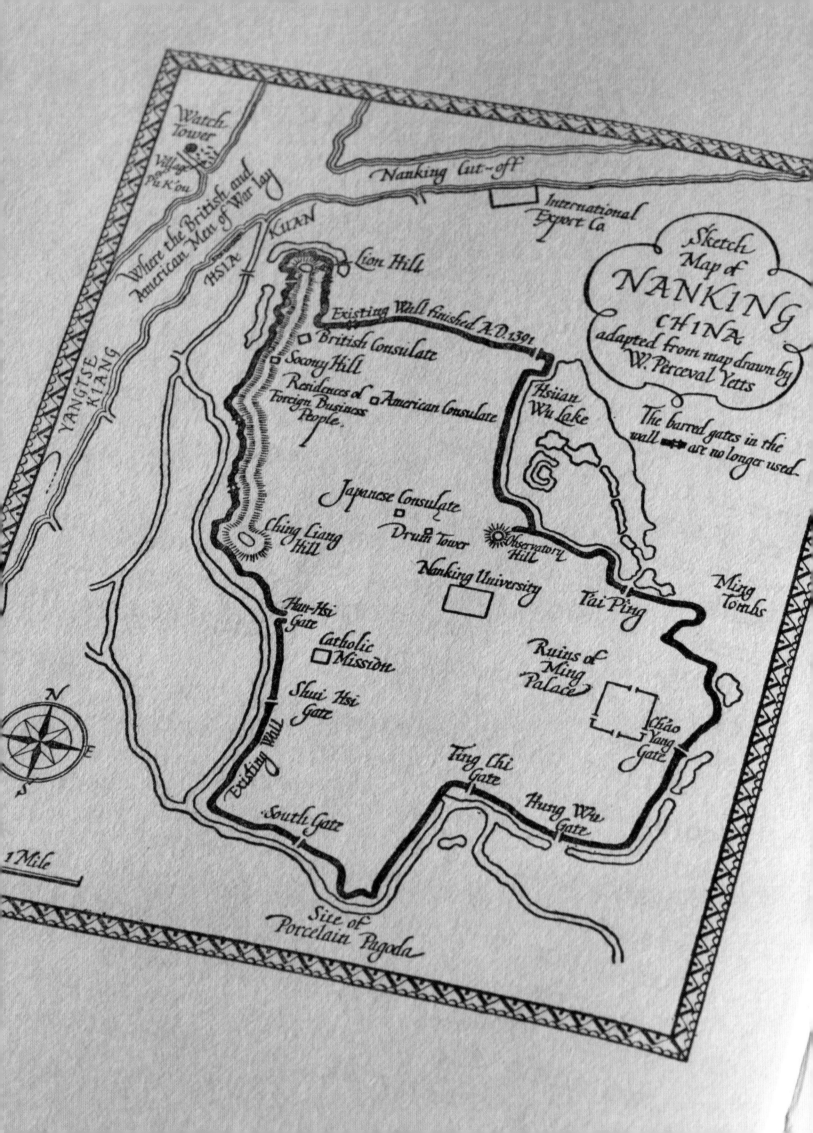

"中国明清城墙" 联合申遗

中国明清城墙，指始建或成熟于明清时期并保存至今的城市城墙遗产。这一联合申遗项目所包含的城墙既各具特征，又体现着具有中国古代城市形态特点的行政架构关系及礼制秩序的关联性，完整构建了中国南方与北方、都城与王城、府城与县城的城市体系，代表着中央集权国家治理体系下的城市礼制差序格局建构，共同组成了中国明清城墙遗产体系。

南京城墙博物馆作为"中国明清城墙"联合申遗项目的配套项目，致力于将基本陈列打造为贴近城墙本体、阐释城墙文化、突显城人关系的南京城墙遗产价值展示平台，为公众提供一座"博物馆＋遗产"的城市"会客厅"。

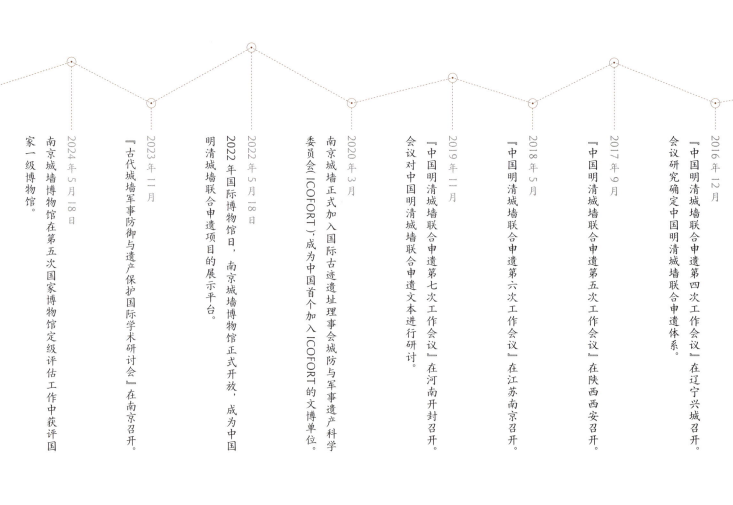

2024年5月18日
南京城墙博物馆在第五次国家博物馆定级评估工作中获评国家一级博物馆。

2023年11月
『古代城墙军事防御与遗产保护国际学术研讨会』在南京召开。

2022年5月18日
2022年国际博物馆日，南京城墙博物馆正式开放，成为中国明清城墙联合申遗项目的展示平台。

2020年3月
南京城墙正式加入国际古迹遗址理事会城防与军事遗产科学委员会(ICOFORT)，成为中国首个加入ICOFORT的文博单位。

2019年11月
『中国明清城墙联合申遗第七次工作会议』在河南开封召开。会议对中国明清城墙联合申遗文本进行研讨。

2018年5月
『中国明清城墙联合申遗第六次工作会议』在江苏南京召开。

2017年9月
『中国明清城墙联合申遗第五次工作会议』在陕西西安召开。

2016年12月
『中国明清城墙联合申遗第四次工作会议』在辽宁兴城召开。会议研究确定中国明清城墙联合申遗体系。

南京城墙申遗大事记

2003 年 7 月
南京市文物局向江苏省文化厅递交《关于申请南京城墙列入世界文化遗产预备名单的请示》，正式申请上报将南京城墙列入世界文化遗产预备名单。

2006 年 12 月
南京城墙列入国家文物局第一批《中国世界文化遗产预备名单》。

2012 年 10 月
国家文物局公布更新的《中国世界文化遗产预备名单》，包括南京在内的六省八市组成『中国明清城墙』申遗项目。

2014 年 7 月
『中国明清城墙联合申遗工作推进会第一次会议』在江苏南京召开。会议确定南京为联合申遗牵头城市，成立中国明清城墙申遗办公室。

2014 年 11 月
『中国明清城墙联合申遗工作推进会第二次会议』在浙江临海召开。

2015 年 5 月
『中国明清城墙联合申遗工作推进会第三次会议』在湖北荆州召开。

后 记

　　诞生于 14 世纪的南京城墙，是中国古代城市文明的杰出代表，具有突出的普遍价值。它见证了 14—20 世纪的东亚城市文明及军事文明，也是这一时期具有典范价值的城防工程，展现出冷热兵器交替时代中国城市防御的重大变化。同时，它还体现了中国城墙选址所遵循的人与自然和谐共生的普遍原则，是人类宝贵的文化遗产。

　　在漫长的历史进程中，南京城墙见证了城市的发展与变迁，也见证了城市中人们生活方式的转变。如今，留存至今的古城墙成了现代城市形态的参照物，是古代城市遗存与现代都市文明有机融合、传承发展的突出典范。它寄托着南京人浓浓的乡愁与珍贵的记忆，也是南京独具价值和影响力的文化地标。

　　未来，南京城墙在加强保护、传承、利用的同时，正随着"中国明清城墙"联合申遗项目的推进，迈步走向世界，让全世界更多的人了解并珍视南京这座伟大城市所遗留下来的最宏伟壮观的文化遗产。